とにかく顔がかわいい 推しぬいの作り方

推しぬいクリエイター ぬむ

扶桑社

はじめまして、ぬむです。

この度は『とにかく顔がかわいい推しぬいの作り方』を
手に取ってくださり、本当にありがとうございます！

普段はイラストレーターをしながら、"顔のかわいさにこだわった"
推しぬいクリエイターとして活動しています。
わたしは、大好きな推しの最高にかわいいぬいを作りたい！
そう思って制作を始めました。

推しぬい作りにハマって、次第に注目されるようになり、
完成したのがこの一冊。やっぱり顔がかわいいほうがより愛情を持てますよね。

何度も失敗して、修正して、試作して……
自分好みに近づけるのはなかなか大変ですが、
そこが推しぬい作りの楽しい部分でもあると思っています。

頑張って作った子は本当にかわいくて愛おしい……！
この本を通してみなさんにも「推しぬい作りは楽しい」と
思っていただけたら嬉しいです。

デザインによっては細かい作業や、複雑な部分があり大変に思うかも。
でも、ゆっくりていねいに進めていけば、
きっとかわいい推しぬいと出会えるはず。

愛情を込めて作った子とお出かけしたり、
いろんなお洋服を着せてあげたり、たくさん写真を撮ったり……
推しぬいと過ごす日々は楽しいことがたくさんありますよ。

今日から"とにかく顔がかわいい推しぬい"たちとの
ハッピーな毎日が始まりますように。
みなさんの推しぬい作りを心から応援しています！

3

推しぬいの世界へ
ようこそ

好きなキャラクターやアイドルを
"推し"といいますよね。
その推しのぬいぐるみだから
"推しぬい"です。
サイズは10〜20cmが多く、
2頭身にデフォルメされた
大きな頭と短い手足が特徴です。
推しぬいを作るきっかけは、
理想の推しぬいを作りたい、
公式グッズにないから、
など人それぞれ。
推しがギュッと小さくなった推しぬいは
それはもうたまらないかわいさです！
みなさんも自分だけの推しぬいを
作ってみてくださいね。

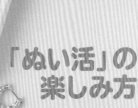

「ぬい活」の
楽しみ方

推しぬいが完成したら、
一緒におでかけしたり、
写真を撮ったりこんな「ぬい活」をして、
思い出をたくさん作りましょう。
最近はいろんなお店で「ぬい服」が
売られていてすてきなぬい服が
簡単に手に入りますよ。
ちなみに、ぬい活を楽しむ人のことを
「ぬいママ」「ぬいパパ」と呼ぶとか。
推しぬいと過ごす毎日はとても楽しく、
イヤなことがあったり、
ストレスがたまっても、
推しぬいを見れば癒される！
そんなあなたの毎日に欠かせない
パートナーになりますよ！

上：〈左〉ツンツン（P31）
＋つり目①（P23）／〈右〉
一本結び（P31）＋タレ目
①（P27）　下：一本結び
（P31）＋タレ目①（P24）

上：〈左〉ツンツン（P31）＋つり目①（P23）／
〈右〉一本結び（P31）＋タレ目①（P24）
下：〈左〉金髪プリン（P32）＋つり目③（P23）
／〈右〉ポンパドール（P32）＋タレ目②（P24）

上：坊主（P34）＋三白眼（P25）
下：かりあげ（P34）＋つり目④（P23）

〈左〉パーマ（P33）＋ハート目（P28）／〈右〉ツートン（P33）＋ジト目①（P24）

左からパーマ（P33）＋
ジト目②（P24）／片目
かくし（P33）＋タレ目
③（P24）／みつあみ
（P32）＋糸目（P25）／
ポンパドール（P32）＋
タレ目②（P24）

上：左から坊主（P34）＋三
白眼（P25）／片目かくし
（P33）＋タレ目③（P24）／
メッシュ（P33）＋ぐるぐる
（P25）
下：左から一本結び（P31）
＋タレ目①（P27）／ロング
（P34）＋ねむり目（P25）／
坊主（P34）＋ほほえみ②
（P28）

上：左からツートン（P33）＋ジト目①（P24）／前髪メッシュ（P33）＋丸目①（P23）
／ハーフアップ（P31）＋タレ目④（P24）／オールバック（P34）＋ほほえみ①（P25）
左下：〈左〉片目かくし（P33）＋タレ目③（P24）／〈右〉パーマ（P33）＋ジト目②（P24）
右下：〈左〉かりあげ（P34）＋つり目④（P23）／〈右〉アイドル風（P31）＋つり目②（P23）

上：〈左〉ポニーテール
（P99）＋丸目③（P23）
／〈右〉キツネミミ
（P35）＋丸目②（P23）
下：〈左〉ツインテール
（P35）＋丸目③（P23）
／〈右〉くまミミ（P35）
＋丸目②（P23）

4ページからの写真で推
しぬいが着用しているぬ
い服は108〜111ページ
で紹介しています。

contents

この本で使う道具

推しぬい作りに欠かせない基本の道具をご紹介！

❶フリクション、水性ペン
布に型紙を写すときなどに使います。失敗してもアイロンなどの熱で消えるフリクションが◎。

❷裁ちばさみ
布を切るときに使います。紙を切ると切れ味が落ちますが、この本では布と一緒に型紙を切るので高価なものは避けましょう。

❸小ばさみ
糸を切るときに使います。裁ちばさみより小回りが利いて便利。

❹かんし（鉗子）
綿をつめたり、手足の先を引き出したりするときにあると便利です。

❺刺しゅう針
刺しゅうやパーツの縫い合わせに使います。取り合わせのものを用意しておけばOK。

❻マチ針
髪のパーツを固定するときなどに使います。

❼仮どめクリップ
縫い合わせる部分をとめておくときに使います。透明のものがおすすめ。

❽刺しゅう枠
刺しゅうをするときに布をピンと張ります。この本では直径12㎝のものを使っています。

❾水溶性の刺しゅうシート
刺しゅうの図案を描き写します。貼るタイプ・貼らないタイプの2つ用意。

❿アイロン、あて布
布のシワを伸ばしたり、布同士を貼り合わせたりします。

⓫クリアファイル
型紙を油性ペンで写して使います。クリアファイルは透明のものを用意。

⓬両面テープ
型紙を布に貼るときに使います。

⓭メイクブラシ
布の毛流れを整えます。100円ショップのものでOK。

⓮裁ほう用ボンド
髪のパーツを貼ります。つまようじもあると便利。

★モフリー　ぬいぐるみ専用シャンプー　＆トリートメント
水溶性の刺しゅうシートを溶かすときに使います。なければ洗濯洗剤でもOK。

この本で使う材料

推しぬいの顔と体になる大事な材料です。準備はOK？

ソフトボア

毛足がふわふわしていて、やさしい手触りの伸縮性がある布です。手芸店やネットショップなどで手に入ります。

毛足１㎜のソフトボア

顔とボディに使います。刺しゅうのふちが毛に埋もれにくく、よりきれいに仕上がるのが特徴です。

毛足３㎜のソフトボア

髪に使います。１㎜が手に入らない場合は、全身３㎜で作っても大丈夫です。

刺しゅう糸

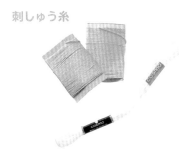

顔と前髪の刺しゅうに使います。ミシン用刺しゅう糸を使ってもOK。この本は25番刺しゅう糸で縫っています（糸の違いはP42）。作品写真や表情パターンを参考に必要な刺しゅう糸を各色用意しましょう。

手縫い糸

パーツの縫い合わせに使います。縫い目が目立たないように肌色がおすすめ。１本取りで使います。

手芸わた

一般的なポリエステル綿です。頭にギュウギュウにつめることで、外側から力を加えて形を整えられます。

つぶ綿

繊維がつぶ状になっている綿でボディにつめます。手芸わたにくらべてやわらかく、もっちりボディにかかせません。

アイロン接着シート

アイロンの熱で布同士を貼り合わせる両面接着シートです。髪のパーツを作るときに使います。

推しぬい作りの3step

推しぬいを作ってみたいけど、何からはじめればいいのかわからない……。
でも大丈夫！この3stepに沿って作っていけば初めてでも絶対作れます。
推しぬいができるまでの流れをチェックしてみましょう！

step 1

❶ボディの サイズを選ぶ

まずは作りたいぬいのサイズを選びましょう。この本では15cmと10cmのぬいを作れます。10cmは手のひらにのるミニサイズで、小さいバッグやポケットにも入りそうな大きさです。15cmはふた周りくらい大きく、ムチッとしたボディが特徴。写真を撮るときに存在感がありますよ。どちらも一緒におでかけするのにぴったり！

❷表情の デザインを 考える

推しのどんな表情にキュンとしますか？　よく観察してグッとくる表情を見つけたら、ぬいのサイズに合わせてデフォルメ化します。P22～28の表情パターンに近いものがあれば、それを使ってもOK。推しのデフォルメグッズを参考にするのもいいですよね。この本の推しぬいは大きな目がポイント！　目のデザインはじっくり考えましょう。

❸髪型を決める

推しぬい作りで表情と同じくらい"推しらしさ"に関わる部分といえば、髪型！　まずは前後左右の髪の毛がどうなっているか分析してみましょう。次にP30～35のヘアカタログから似ている髪型を選び、長さや形を調整して推しに近づけていきます。もちろんヘアカタログの髪型をそのまま使ってもいいですよ。髪色の布選びも忘れずに！

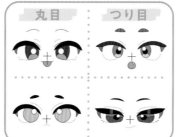

step 2

顔と前髪の刺しゅうをする

推しの好きなところはいくらでも言えるけど、やっぱり顔ははずせない！ 大好きな推しの、大好きな顔だからこそ、最高にかわいい推しぬいにしたいですよね。それなら今こそ刺しゅうをはじめるとき!! むずかしそうに見えるかもしれませんが、ひと針ずつゆっくりていねいに縫えば大丈夫。細かい作業に疲れたときは、ひと休みして推しに元気をもらいましょう。

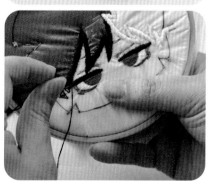

step 3

ボディを作る

ここまできたら、いよいよボディの組み立てです！ 布に型紙を写してカットしたら、作り方の手順をよく読みながら、ていねいにちくちく縫いましょう。step 2 で刺しゅうした顔の布も一緒に縫い合わせていきますよ。少しずつぬいの形になっていく過程はワクワクするはず！ 世界に一つだけの、とびきりかわいい推しぬいを作って、ぬい活を楽しんでくださいね。

15cm ぬい

10cm ぬい

この本で作れる 2つのボディ

15cmぬい、10cmぬい、それぞれたまらなく
かわいい、ぬむオリジナルのフォルム。
どちらのサイズで推しぬいを作るか
参考にしてみてくださいね。

まんまるの頭、きれいなフェイスライン

推しのかわいさと顔のよさを最大限に引き出す、まんまるの頭ときれいなフェイスライン！

ふっくらほっぺ

愛らしさが限界突破したふっくらほっぺ。しっかり手芸わたをつめるのがポイント！

実寸大

size	
全身	15cm
頭囲	約24cm
首下	約8cm
うで	約4.5cm
股下	約3.5cm

ムチッとボディ

弾力のあるムチムチしたボディは推しぬいならではの魅力！ビックリするくらい大量のつぶ綿をつめるよ。

しわしわの
ボディはイヤ～！

※布の状態や綿のつめ具合などによって誤差が生じるので、目安として参考にしてください。

360度どこから見てもかわいい、こだわりのムッチリボディ!

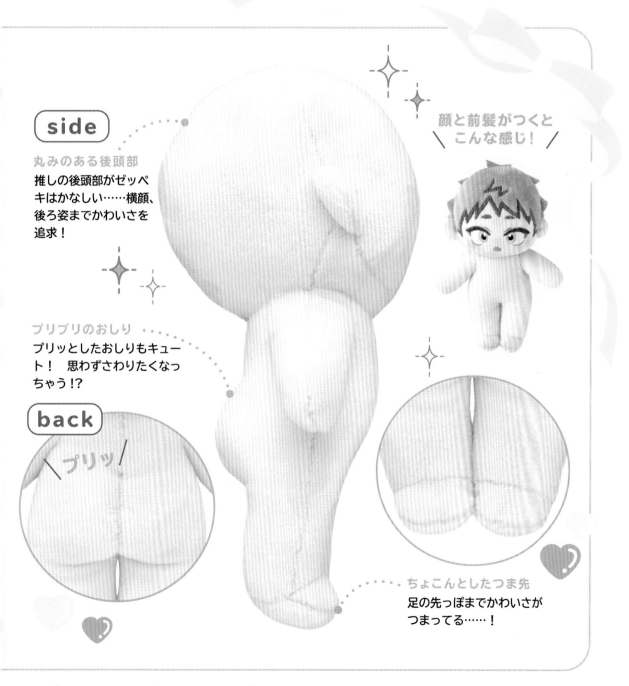

side

丸みのある後頭部
推しの後頭部がゼッペキはかなしい……横顔、後ろ姿までかわいさを追求!

プリプリのおしり
プリッとしたおしりもキュート! 思わずさわりたくなっちゃう!?

back

＼ プリッ／

顔と前髪がつくとこんな感じ!

ちょこんとしたつま先
足の先っぽまでかわいさがつまってる……!

もちもちボディと、守りたくなるサイズ感にキュン

顔には縫い目が
ないほうがいいよね～

どう？
かわいいでしょ

10cm ぬい

ミニサイズの2頭身
より愛らしいぜつみょうなボディバラ
ンスに！　一緒におでかけしやすい。

実寸大

size		
全身	‥‥‥	10㎝
頭囲	‥‥約	18㎝
首下	‥‥約	5㎝
うで	‥‥約	3㎝
股下	‥‥約	2㎝

※布の状態や綿のつめ具
合などによって誤差が生
じるので、目安として参
考にしてください。

小さな手足
かわいさと尊さが
つまった、小さな
手足にキュン！

もちもちボディ　つぶ綿をつめることで、ずっとさわって
いたくなるもちもちボディを実現！

上向きの顔
ななめ上を見上げる
ぬい、つまり推しと
目が合う……!?

15cmと10cm、作りやすいのは？
「初めて推しぬい作りに挑戦する人には、15cmがおすすめかな。10cmのほうが縫うパーツは少ないけど、全体的に作業が細かくて、きれいに縫えなかったときに形の悪さが目立ちやすいんだ。でも、せっかく推しぬいを作るなら、自分が好きなサイズを選んでね！」

side

back

point
「推しぬいを作る前に、まずはこの"素体"を作ってみよう！ ボディの組み立て方を理解できて、縫い方のコツがつかめるよ。理想の推しぬいを作るためにぼくとの約束！」

15cm ぬい と 10cm ぬい の表情

ここからは表情のデザインを考えていきましょう。15cmぬいにくらべて、
10cmぬいのボディバランスはだいぶデフォルメしたデザインになっているので、
表情もデフォルメをきかすとよりかわいくなりますよ。

次ページの「表情パターン24」から好きなデザインを選ぶもよし。
自分で表情をデザインしたい場合は、「表情デザインテンプレート」（P36〜37）を使って
オリジナルのデザインを描き込んでみてくださいね。

の表情パターン24

ぬむオリジナルの15cmぬい用の表情パターン24個をご紹介！　好きな表情を刺しゅうシートに写して使いましょう（P47参照）。色を変えたり、眉毛・目・口を好きに組み合わせたりして、アレンジしてもOKです。　*point* を参考に！

丸目

つり目

1

1

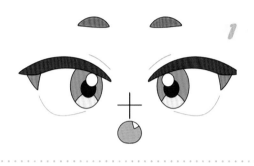

2
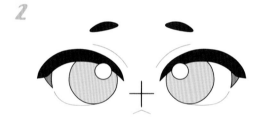

2
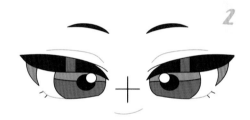

3
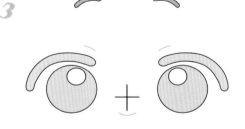

3

4

4

point

目の形をよく観察する

つり目タレ目など、推しの目はどんな形をしているかな？

point

目は大きく！

15cmぬいは大きな目がポイント。口は小さめにするとかわいいよ。

タレ目	ジト目

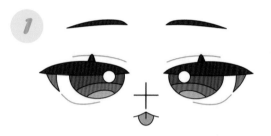

1

1

2

2

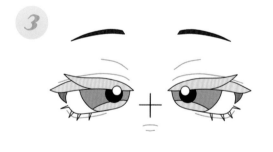

3

3

4

4

point 太めのアイライン

アイランは太めに引くと目力アップ！
大きな目とのバランスもとれるよ。

point ねんまくにはピンク色

目尻や下まぶた、二重線にはピンク
系の色を使うとかわいい！

バリエーション

糸目

ほほえみ❶

ねむり目

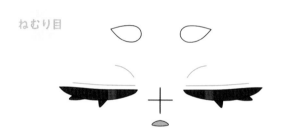

ほほえみ❷

三白眼

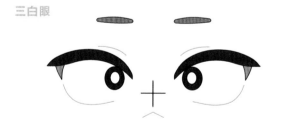

ぐるぐる

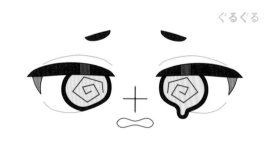

平行目

ハート目

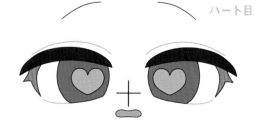

の表情パターン24

「15cmぬいの表情パターン24」を10cmぬい用にデフォルメしました！ こっちも刺しゅうシートに写して使えますよ（P47 参照）。どのようにデザインが変わったか、デフォルメデザインを描くときの参考にしてくださいね。

丸目	つり目
1	*1*
2	*2*
3	*3*
4	*4*

point
描き込みをへらす
10cmぬいはミニボディとのバランスをとるために、目のデザインはなるべくシンプルに！

point
曲線を意識する
表情をよりやさしい印象にしたいなら曲線を意識して丸みをもたせよう。

タレ目

ジト目

1

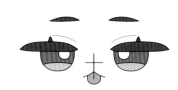

1

2

2

3

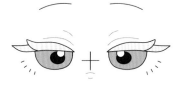

3

4

4

タレ目①だよ～　　ぼくはハート目！

バリエーション

糸目

ほほえみ❶

ねむり目

ほほえみ❷

三白眼

ぐるぐる

平行目

ハート目

ぼくたちの生みの親
ぬむさんにインタビュー！

推しぬいが作れてイラストも描けるぬむさんって何者なの？
すごすぎるっ！ということでぼくらがお話を聞いてみました。
ぬむさんが考える、推しぬいを作るうえで
一番大事なこととは──ぬむさん教えて！

 ぬむさんは普段、何をしている人なんですか？

 イラストレーターをしていて、最近はゲームやVTuberの立ち絵を描いています。

 そうだったんだ！ それじゃあ推しぬい作りをはじめたきっかけは？

 自分好みの推しぬいがほしいと思って作りはじめました。ぬいを作るのは初めてで今思うと最初は全部がうまくいかなくて、想像していた出来には程遠かったですね（苦笑）。「もっとかわいくできるはず！」と思ってリベンジしたんです。1体目よりはよくなったけど、「わたしの推しはもっとかわいい!!」と思って、ぬい作りにのめり込んでいきました。

 結局、その推しは何体くらい作ったんですか？

 6体です。ただ、それでも納得できるものにはならなかったので、自分で型紙を作って、自分好みのバランスを考えました。そして、何よりも「顔」！わたしの推しのかわいさに近づけるには、とにかく顔をかわいくしようとイラストで描いたんです。自分が最高にかわいいと思える推しぬいを目指して作ってきました。

 そこでイラストレーターをやってたことが生きるんですね！ その最高にかわいいと思える推しぬいの作り方がこの本で紹介されているんだよね。

 ぬむさんの血と汗と涙の結晶が、この

一冊につまってるんですね！

 そうですね。今でも指に針を刺しますからね（笑）。

 ぬむさんが考える推しぬい作りで一番大事なことを教えてください。

 それは、推しへの愛だと思います。推しぬい作りは時間がかかったり、大変なことが多かったりするから、そこを乗り越えるためにも、推しへの愛が大事かな。愛があれば、かわいいぬいを作ることは誰にでもできますよ！

 作り方のアドバイスはありますか？

 ちゃんと説明を読んで、あせらずゆっくりやれば大丈夫だと思います。

 ほ、ほんとうに……？

 わたしも家庭科の授業でナップサックを作って以来、縫い物はしていなかったけど、今これだけ作れるので大丈夫だと思います！

 それなら安心だね。最後に読者のみなさんにメッセージをお願いします！

 最初から完璧を求めすぎると、思い通りにならなかったときに心が折れてしまうかも。わたしも初めて作る推しぬいは、一回ではなかなかうまくできません。作ってみて改善点を見つけてのくり返し。自分好みのかわいい推しぬいになるまで、何回もチャレンジするのが大事です。絶対にかわいい子ができると思うので、あきらめずに頑張ってください！

型紙つきヘアカタログ 20パターン

この本では刺しゅうありの前髪と、なしの前髪が登場します。型紙はどちらにも対応しているので、好きなデザインを選んで。

前髪を刺しゅうする場合は、顔の刺しゅうと一緒に行います（P46〜55参照）。
15cmぬいも10cmぬいも同じ手順で作れますよ。

前髪刺しゅうあり

前髪刺しゅうなし

ペラッ

中国や韓国のぬいに多いデザインで、難易度が少しあがります。

刺しゅうしないぶん簡単に作れて、前髪をペラッとめくれます。

顔周りのツンツンしているハネ毛や襟足、前髪の上にかさなっている髪は、裁ほう用ボンドで頭にくっつけています。

point

「"前髪刺しゅうあり"のぬいは、刺しゅうなしで作ったときに、前髪が少し上にあがるよ。気になる場合は型紙を布に写すときに、前髪を少し長めに描いておき、完成後に好きな長さにカットすればOK！ 推しぬい作りは自分好みに少しずつ微調整するのも大事なポイントだよ」

10cmぬいは
こんな感じになるよ!

前髪
刺しゅう
あり

ツンツン ヘア

つり目① 型紙 P116
作り方 P56～

 back side

ハーフ アップ

タレ目④ 型紙 P124、125
作り方 P92～

back side

前髪
刺しゅう
あり

一本結び

タレ目① 型紙 P116
作り方 P68～

back side

アイドル風

つり目② 型紙 P117
作り方 P76

back side

前髪
刺しゅう
あり

前髪
刺しゅう
あり

金髪プリン

つり目③　型紙P118
作り方P77

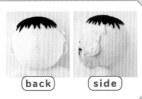

back　**side**

ポンパドール

タレ目②　型紙P119
作り方P80〜

back　**side**

前髪
刺しゅう
あり

前髪
刺しゅう
あり

前髪メッシュ

丸目①　型紙P117
作り方P82〜

back　**side**

みつあみ

糸目　型紙P119
作り方P78〜

back　**side**

メッシュ

ぐるぐる　型紙P116、121
作り方P88

 back side

片目
かくし

タレ目③　型紙P120
作り方P87

 back  side

前髪
刺しゅう
あり

パーマ

ジト目②　型紙P120
作り方P86

 back  side

ツートン

ジト目①　型紙P118
作り方P84〜

 back side

坊主

三白眼
※顔の型紙別・前頭部あり
型紙P122　作り方P89

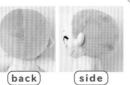
back　side

かりあげ

つり目④
※顔の型紙別・前頭部あり
型紙P122、123　作り方P91

back　side

一部前髪
刺しゅう
あり

オールバック

ほほえみ①
※顔の型紙別・前頭部あり
型紙P122、123　作り方P90

back　side

ロング

ねむり目
型紙P124、126
作り方P94〜

back　side

前髪
刺しゅう
あり

前髪
刺しゅう
あり

ツインテール

丸目③　型紙 P123、127
作り方 P98 ～

 back　 **side**

カールツインテール

丸目③　型紙 P123、127
作り方 P100 ～

 back　 **side**

くまミミ

丸目②
※磁石を準備
型紙 P127　作り方 P96 ～

 **back**　 **side**

キツネミミ

丸目②
※磁石を準備
型紙 P127　作り方 P96 ～

 back　 **side**

表情デザインテンプレート

推しぬいの表情を自分でデザインしたい場合は、この表情デザインテンプレートに描き込んでみましょう。ぬむオリジナルの"黄金バランス"で最高にかわいい推しぬいが誰でも簡単にデザインできますよ。完成したらそのまま刺しゅうシートに写して使えます。

15cm
ぬい用
（実寸大）

コピーして
使ってもOK！

描き方の例
（実寸大）

例えば、テンプレートに
23ページの「つり目①」を
入れてみましょう。

＼完成するとこうなるよ！／

point

「目と口の四角を目安にデザインを描き込んでみよう。描き方の例と、完成形のぬいを参考にしながらデザインしてね〜」

point

「綿をつめると布が伸びるから、目と目の間を少し狭めにデザインすると、完成したときにかわいくなるよ。このテンプレートを使えばバッチリ！」

10cm ぬい用（実寸大）

目と口のこの黄金バランスがかわいい顔を作るポイント

描き方の例（実寸大）

例えば、テンプレートに27ページの「タレ目①」を入れてみましょう。

\完成するとこうなるよ！/

型紙の見方のきほん

112ページから掲載している型紙の見方を確認しましょう。
線や印にもそれぞれ意味がありますよ。

裁ち切り線（外側の線）
布をカットする線。

仕上がり線（内側の線）
このラインにそって縫う。

ぬいしろ
余分に用意しておく部分。
仮縫いは真ん中を縫う。

ダーツ
立体的にするための切れ込み。真ん中で折り、頂点に向かって縫う。

山形の合印
パーツ同士を合わせるための目印。切り落とさないように注意。

毛流れの向き

合番
パーツ同士を合わせるための目印。

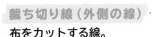

顔　↓

B　耳を重ねる位置
C　耳を重ねる位置

A

A
G　↓
B
C

ツンツン・前髪

前髪の刺しゅうは灰色のラインを縫います。刺しゅうしないときは外側の線で切ってください。★はアイロン接着シートで布2枚を貼り合わせます。

ツンツン・ハネ毛★

写すとこうなる！

耳
（左右対称に各2枚）

返し口　↓

「左右対称」は型紙を反転して写します。

ソフトボアのきほん

OK
↓
表

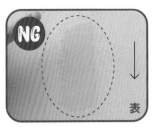

NG
↓
表

上から下になでてツルッとする向きで使いましょう。布が指にひっかかるような、逆立つ感覚がある場合は向きが逆です。正しい毛流れで使うときれいに仕上がります。

＼中表ってなに？／

（表）

（裏）

布の表と表が内側になるように合わせることです。ボディの組み立ては中表で縫うものが多いです。

型紙の写し方

仕上がり線は肌の布で目立たないオレンジ色のフリクションを使っています。
裁ち切り線は切るので線を引きやすい水性ペンならOK。

型紙をコピーして、裁ち切り線で切ります。

毛流れに気をつけながら、布の裏に裁ち切り線を写します。

型紙を仕上がり線で切ります。

仕上がり線を写します。ぬいしろの幅が均等になるように型紙を置きましょう。

仕上がり線が薄いところは上からなぞればOK。

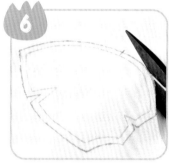

裁ち切り線で布を切ります。

型紙は細い線で写すのがきれいに縫うコツです。右はぬいしろの幅が均等ではなく、ダーツの位置もずれています。

顔と前髪の刺しゅうをする場合

顔の型紙は刺しゅうシートに写すので、最初の段階では写しません。前髪は一部だけ切ります（P48〜参照）。布は刺しゅう枠にはめる分の余裕を持たせて切りましょう。

刺しゅう枠

縫い方のきほん

この本ではすべて手縫いで作っています。
ボディの組み立てには「なみぬい」と「コの字とじ」の2種類を使います。

なみぬい

ほぼすべてのパーツを
なみぬいで縫うよ。狭
ければ狭いほど頑丈に
なるから、理想は2mm
間隔で縫ってね。

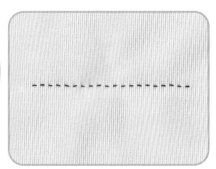

布の表と裏を交互に縫います。

コの字とじ

表に縫い目が出ないように、
布同士を縫い合わせる方法だ
よ。綿つめ口をとじるときと、
ツインテールのパーツを頭に
縫いつけるときに使うよ。

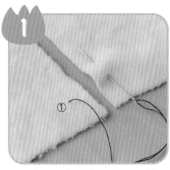

布の裏から針を刺します。綿つ
め口をとじるときは仕上がり線
にそって縫います。

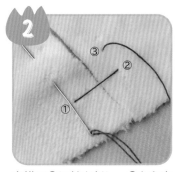

真横の②に針を刺し、③から出
します。縦は5mm間隔で縫い
ましょう（写真は大きく縫って
います）。

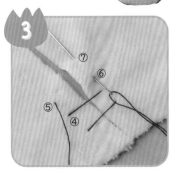

④に針を刺し、⑤から出します。
真横の⑥に針を刺し、⑦から出
します（くり返し）。

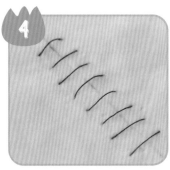

縫い終わったら糸を引きます。

表に縫い目が出ずに、布同士が
縫い合わされればOK。

玉結び

針に糸を通したら、糸が抜けないように端に結び目を作ってね。

人差し指に糸を1回巻きます。

糸をねじるように人差し指を抜きます。

輪っかを中指で押さえながら、糸を引きます。

玉結びのできあがり。

玉どめ

縫い終わったら、糸がほどけないように結んでとめるよ。

針に糸を3回巻きつけます。

糸を巻きつけた部分を親指の爪で押さえます。

そのまま針を引き抜きます。

玉どめのできあがり。

刺しゅうのきほん

針の太さ、糸の選び方も仕上がりを左右する大事なポイントです。

針の太さについて

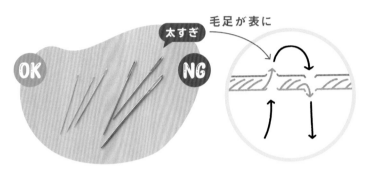

毛足が表に

太すぎ

OK

NG

針は細めのものを使いましょう。太い針を使うと布の裏から針を出したときに、ソフトボアの毛足が表に出てきて、刺しゅうの見栄えが悪くなります。また、太い針を使うと刺しゅうシートがボロボロになりやすいです。

刺しゅう糸の選び方

刺しゅう糸

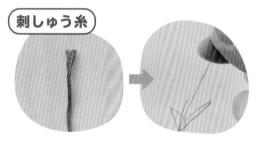

- 6本の糸がまとまっていて、2本取りで使うことが多い
- 刺しゅうした部分がこすれると毛羽立ちやすい
- 縫うときにねじれても目立ちにくい
- 最近は100円ショップでも手に入る

ミシン用刺しゅう糸

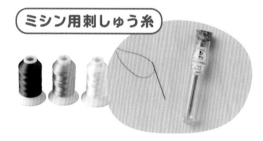

- 1本取りで使う
- ツヤがあり見た目の完成度がアップする
- 強度があり切れづらい
- 縫うときにねじれると粗が目立ちやすい
- 手芸店や通販で手に入る

刺しゅう糸で作ったぬい

どちらにもよさはありますが、推しぬいのクオリティをより高く見せたければミシン用刺しゅう糸がおすすめです。ただ、少し扱いづらいので気軽に作りたい人や、初心者さんは刺しゅう糸からはじめるといいですよ。

ミシン用刺しゅう糸で作ったぬい

この本で使う 4つのステッチ

顔と前髪の刺しゅうに使うステッチを
紹介！　一見むずかしそうですが、
理解してしまえば簡単です。

point

「刺しゅうは布の裏から
針を刺して、表から裏に
くり返し縫うよ。この本
では縫いはじめは玉結び、
縫い終わりは玉どめでと
めているよ（P41 参照）」

バックステッチ（1本取り）

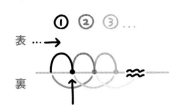

これ！

細い線を表現するときに使うステ
ッチです。この本では顔と前髪の
ふちどりに使います。布の裏から
針を刺し、後ろに 1 針分戻って
から、前に 2 針分進むように縫
います。

サテンステッチ（2本取り）

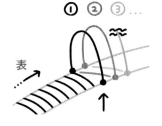

縫い目

面積の狭い部分を平行に縫うステ
ッチです。糸を引く力に差がある
と、均一な仕上がりにならないの
で注意。隙間があいてしまったと
きは、平行に縫って埋めるように
しましょう。

ロングアンドショートステッチ（2本取り）

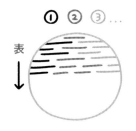

縫い目

面積の広い部分を縫うときに使う
ステッチです。長いステッチと短
いステッチを交互に、①②③の順
にくり返し縫います。1 cm以上の
幅を縫うならロングアンドショー
トステッチがおすすめ。

アウトラインステッチ（2本取り）

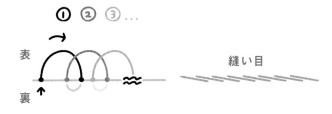

縫い目

バックステッチより線を太く立体
的に見せるときに使うステッチで
す。顔の二重線や下まぶたなどに
使います。布の裏から針を刺し
1 針分進み、半分ほど戻ってか
ら 1 針分進むように縫います。

ステッチの例

どの部分にどのステッチを使うかの参考にしてみてください。目指せ！ ステッチの達人！

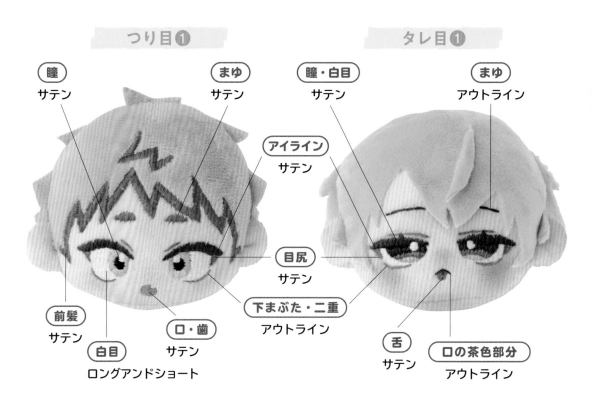

つり目❶

- 瞳 サテン
- まゆ サテン
- アイライン サテン
- 目尻 サテン
- 下まぶた・二重 アウトライン
- 前髪 サテン
- 白目 ロングアンドショート
- 口・歯 サテン

タレ目❶

- 瞳・白目 サテン
- まゆ アウトライン
- 舌 サテン
- 口の茶色部分 アウトライン

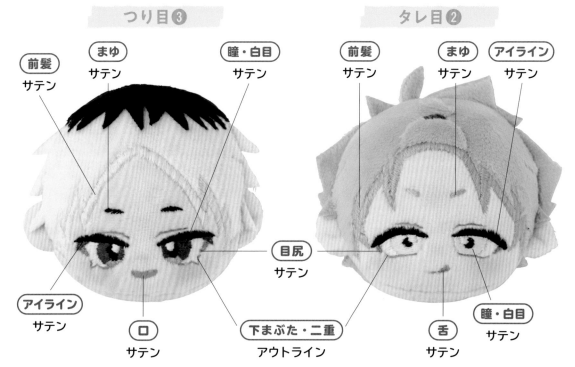

つり目❸

- 前髪 サテン
- まゆ サテン
- 瞳・白目 サテン
- アイライン サテン
- 口 サテン
- 下まぶた・二重 アウトライン
- 目尻 サテン

タレ目❷

- 前髪 サテン
- まゆ サテン
- アイライン サテン
- 舌 サテン
- 瞳・白目 サテン

ぼくは三白眼が好き！

ジト目❶

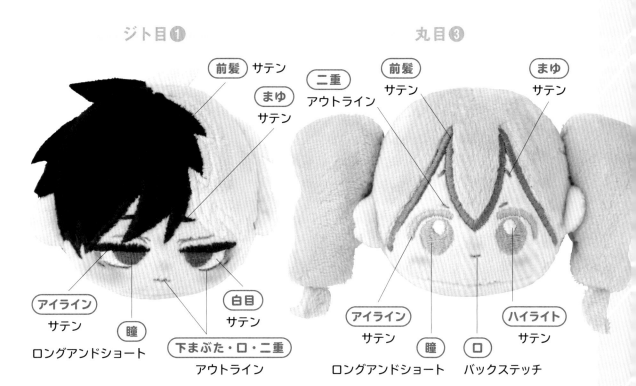

前髪 サテン

まゆ サテン

アイライン サテン

瞳 ロングアンドショート

下まぶた・口・二重 アウトライン

白目 サテン

丸目❸

二重 アウトライン

前髪 サテン

まゆ サテン

アイライン サテン

瞳 ロングアンドショート

口 バックステッチ

ハイライト サテン

ほほえみ❶

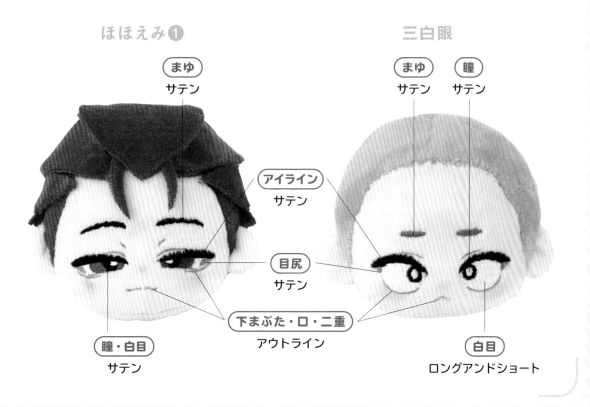

まゆ サテン

アイライン サテン

目尻 サテン

下まぶた・口・二重 アウトライン

瞳・白目 サテン

三白眼

まゆ サテン

瞳 サテン

白目 ロングアンドショート

step 2

15cm ぬい 顔と前髪の刺しゅう

\モデルはぼく！/

大好きな推しだからこそ "ぬいの顔" は妥協したくない！
理想の推しぬいを作るために、
顔と前髪の刺しゅうにチャレンジしてみよう。

道具・材料
A ソフトボア（肌用、髪の毛用）
B 刺しゅう枠
C 刺しゅうシート（貼るタイプ＆貼らないタイプ）
D 顔のクリアファイル型紙
・刺しゅう糸
・洗濯洗剤またはぬいぐるみ専用シャンプー
・ぬいぐるみ専用トリートメント（なくてもOK）
型紙
E 顔（P113） F 髪の毛ツンツン・前髪（P116）
表情
G つり目①（P23）

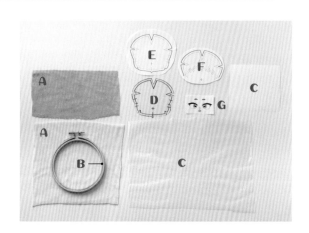

顔のクリアファイル型紙を準備しよう

① クリアファイルに「顔」の型紙をはさみ、マスキングテープで固定します。

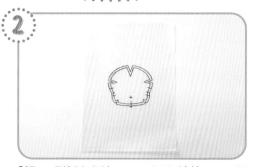

② 「顔」の型紙をクリアファイルに油性ペンで写します。

③ 裁ち切り線

写し終えたら裁ち切り線で切ります。

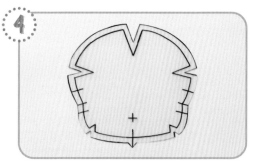

④ クリアファイル型紙の準備完了！

刺しゅうシートに型紙と表情を写すよ！

刺しゅう枠よりひと回り大きい「貼らない刺しゅうシート」と水性ペンを用意します。貼るタイプはあとで使います。

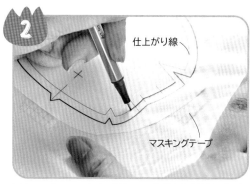

刺しゅうシートに「顔」の型紙の、仕上がり線、十字線、あごの印を写します。型紙はマスキングテープで固定すると写しやすい。

刺しゅうシートに「表情・つり目①」を写します。十字線を合わせるのがポイントです。

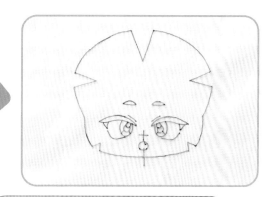

前髪の刺しゅうなしの場合は 5 に進むよ。

刺しゅうシートに「前髪」の型紙を写します。十字線と頭の仕上がり線を合わせましょう。

 髪の布を前髪の形に切るよ

5

両面テープ

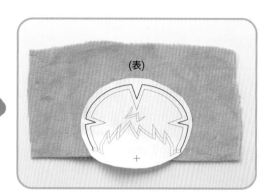

（表）

「前髪」の型紙の裏側に両面テープを貼って、
布の表側・中央下に貼ります。

6

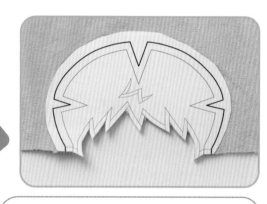

前髪だけ切ります。型紙の上部は切らないよう
に注意。

※裁ちばさみは紙を切ると切れ味が落ちます。気になる場合は
型紙を布に写してから切りましょう。

前髪の刺しゅうなしの場合は型紙を布にうつし
て上部も切るよ。

7 きれいに
カット
できた！

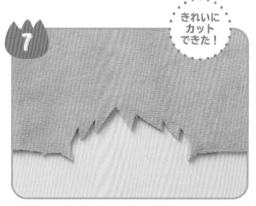

型紙をはがします。写真のように切れていれば
OK。

 布をセットしていくよ！

8

刺しゅう枠の内枠を平らな場所に置きます。

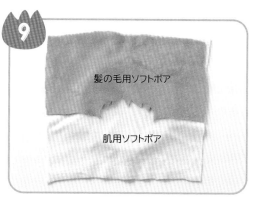

内枠の上に「肌用ソフトボア」→「髪の毛用ソフトボア」の順にかさねます。シワが寄らないように。

前髪の線を合わせるように刺しゅうシートをかさねます。

前髪の刺しゅうなしの場合は「肌用ソフトボア」のみ、その上に刺しゅうシートをかさねるよ

外枠をかさねてネジを軽くしめます。もし前髪の線がずれてしまったらやり直しましょう。ここがずれると後々すべてずれてしまうので注意。

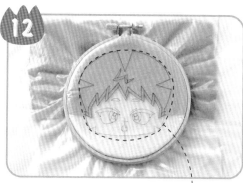

顔をおおうように「貼る刺しゅうシート」をかさねます。刺しゅうシートの強度があがり破れにくくなります。

貼る刺しゅうシート

少しだけずれた場合は刺しゅうシートの上からマチ針を刺し、布をつついて調節すればOK。

49

前髪の毛先がずれないようにマチ針でとめます。

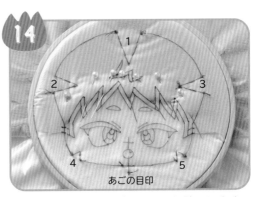

5箇所のダーツとあごの目印を仮縫いします。

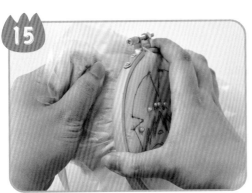

外枠のネジを固くしめ、布を右上→左下、左上
→右下、上→下の順に引っ張ります。

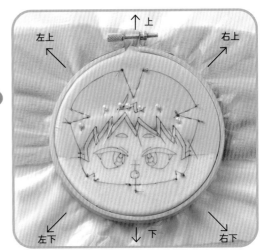

布が均等に張ると、きれいに刺しゅうできます。
指で軽く叩き、ポンポンとした音がすればOK。

太鼓みたいな音～！

刺しゅう枠外側の余分な布を切ります。布がゆ
るんだときに引っ張れるくらいの幅（2～3㎝）
は残しておきましょう。

刺しゅうをスタートするよ！　ゆっくりていねいに縫ってね

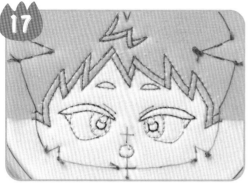

マチ針をはずしながら、バックステッチ（縫い方はP43）で顔と前髪のふちどりをします。糸の色はパーツに合わせて変えましょう。

前髪はふちどりした線の中をさらに細かくブロック分けします。

 ここがポイント！

糸の色：オレンジ

前髪（サテンステッチ）

眉毛（サテンステッチ）

糸の色が同じパーツごとに、次の順番で縫います。

糸の色：茶色

アイライン（サテンステッチ）

糸の色：黒

瞳孔（サテンステッチ）

糸の色：白

目のハイライト（サテンステッチ）

白目の部分（ロングアンドショートステッチ）

八重歯（サテンステッチ）

針が通りにくいしイタい～～(涙)

そんなときは指ぬきを使ってね

糸の色：濃い青

23

瞳の左右
(サテンステッチ)

 指へいき？

糸の色：薄い青

24

瞳の下の部分
(サテンステッチ)

 ダイジョウブ！

 刺しゅうのできあがり！

糸の色：サーモンピンク

25

二重線
(アウトラインステッチ)

目尻の下
(サテンステッチ)

下まぶた
(アウトラインステッチ)

口
(サテンステッチ)

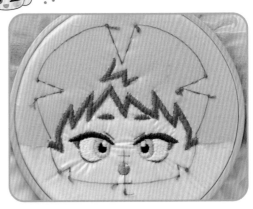

布を洗って刺しゅうシートを溶かすよ

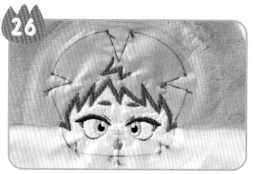 

刺しゅう枠をはずして余分な刺しゅうシートを切ります。糸まで切らないように気をつけましょう。

写真のように縫い目ギリギリまで切ってもOK。

刺しゅうシートを溶かすために、洗濯洗剤を入れたぬるま湯に20分浸けます。この本ではぬいぐるみ専用シャンプーを使用。

20分経ったらやさしく揉みながら洗い流し、再び洗濯洗剤を入れたぬるま湯に20分浸けます。

20分経ったらやさしく揉みながら洗い流します。ぬいぐるみ専用トリートメントがあれば、ぬるま湯に入れて2分浸けます。ない場合は 31 へ。

布を押してやさしく水気をきります。ぬいぐるみ専用トリートメントは洗い流さなくてOK。

メイクブラシで布を毛流れにそって整えます。刺しゅう部分はブラッシングすると毛羽立つので注意。

顔にシワがつかないように布を乾かします。ドライヤーなどを使う場合は弱風で毛流れにそってあてましょう。

布を顔の形に切るよ。あと一息！

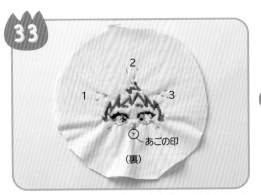
（裏）
あごの印

（裏）

布の裏側に「顔」の型紙の仕上がり線を写します。刺しゅうに布が引っ張られているので、あごの印と頭部3箇所のダーツを基準にバランスよく配置しましょう。

ちょいムズ！

どうしても少しずれるよ！
フリクションならアイロンの熱で線を消してやり直せるから安心だね。

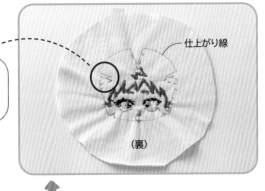
仕上がり線
（裏）

前髪縫いつけなしの場合は **35** に進むよ。

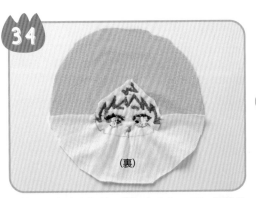
（裏）

少しかさなる

仮縫いした糸を切り、髪にかさなっている肌の布を切ります。刺しゅうまで切らないように注意。肌と髪の布端が少しかさなるように切ります。

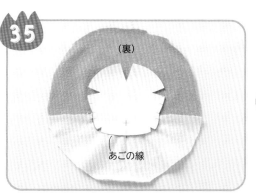

（裏）

あごの線

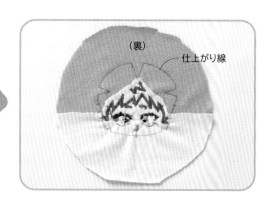

（裏）

仕上がり線

あごの線に合わせて「顔」の型紙をあて、髪の
布に仕上がり線を写します。

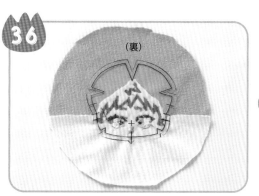

（裏）

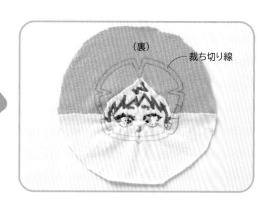

（裏）

裁ち切り線

クリアファイル型紙をかさねて裁ち切り線を写
します。

裁ち切り線

完成！

布を裁ち切り線で切ります。

顔と前髪のできあがり！

やったー！ うまく縫えた？ 次はボディを作ってみよう！

step 3-1

よし、やるぞー！

15cm ぬい ボディの作り方

顔と前髪の刺しゅうができたらボディを組み立てよう。
全部で31プロセス、ゆっくり作ればゼッタイできる！
前髪の刺しゅうなしの場合はP69 ❶〜❽ を参考にしてね。

道具・材料
- ソフトボア（肌用、髪の毛用）
- アイロン接着シート
- 手縫い糸
- 手芸わた
- つぶ綿
- かんし
- 裁ほう用ボンド、つまようじ

型紙
後頭部、あご、耳、つま先、足うら（P113）
ボディ・前、ボディ・後ろ、うで（P114）
髪の毛（ツンツン・ハネ毛）（P116）

準備するパーツ

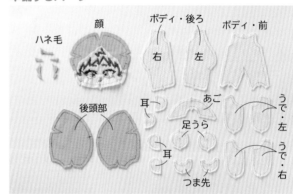

ハネ毛　顔　ボディ・後ろ　右　左　ボディ・前　後頭部　耳　あご　足うら　うで・左　耳　つま先　うで・右

ハネ毛を準備しよう

① 髪の毛用ソフトボアを外表に合わせアイロン接着シートをはさみます。

② あて布をしてアイロンを数十秒押しあてます（商品説明を参考に）。

③ 布がくっついたら型紙の裏側に両面テープを貼ります。

④ 布に型紙を貼りハネ毛のパーツを切ります。

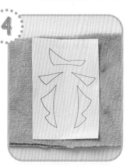

⑤ 両面テープをはがして準備完了！

顔と頭のパーツから縫っていくよ

顔を中表に折って合わせ、ダーツを縫います。
縫い方はずっとなみぬい（P40参照）です。

「顔」のダーツ5箇所と、「後頭部」のダーツ2箇
所をすべて縫います。

「耳」を中表に合わせて返し口を残して縫い、
布を表に返します。

「耳」を顔の表側に、内側を向くように仮縫い
します。

 「耳」をつける位置、向きに気をつけて！

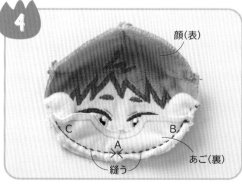 

3 と「あご」を中表に合わせて縫います。両サイドから中央に向かって縫うとずれにくいです。

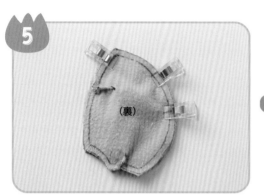 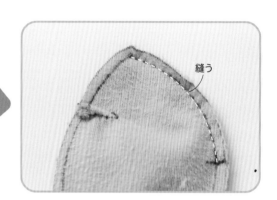

縫う

「後頭部」を中表に合わせて頭の中心になるほ
うを縫います。綿つめ口まで縫わないように気
をつけましょう。

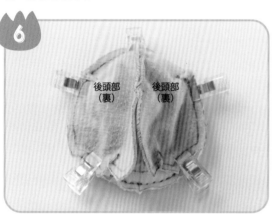

後頭部
（裏）

後頭部
（裏）

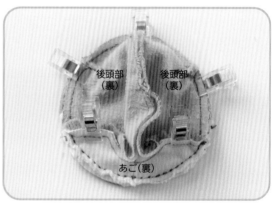

後頭部
（裏）

後頭部
（裏）

あご（裏）

に「後頭部」を中表に合わせて、クリップ
でとめます。「顔・前髪」の中心のダーツと「後
頭部」の縫い目を合わせましょう。

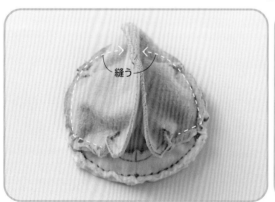

縫う

縫う

あご（裏）

「顔・耳・あご」と「後頭部」のクリップでとめ
た部分を両サイドから中央に向かって縫います。

頭は一旦おいといて、ボディを組み立てていくよ！

7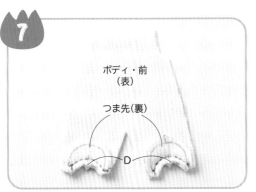

 疲れたら途中で休憩してね

「ボディ・前」と「つま先」を中表に合わせて下側を縫います。

8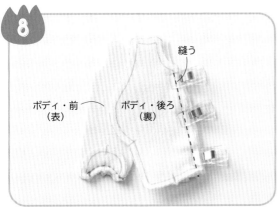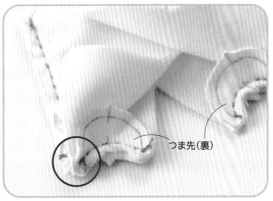

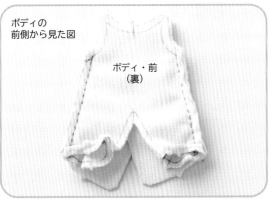 

「ボディ・前」と「ボディ・後ろ」を中表に合わせてクリップでとめ、脇の下〜足首まで縫います。「つま先」は縫わないように注意。反対側も同じように縫います。

開くとこんな感じ！

9

うで・左
（裏）

（表）

「うで・左」を中表に合わせてU字に縫い、布を表に返
します。反対側の「うで・右」も同じように縫います。

10

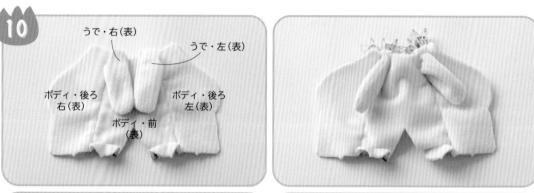

うで・右（表）　　　うで・左（表）

ボディ・後ろ　　　　　　　ボディ・後ろ
右（表）　　　　　　　　　左（表）

ボディ・前
（表）

うで・左（裏）　うで・右（裏）

ボディ・後ろ　　ボディ・前　　ボディ・後ろ
左（裏）　　　　（裏）　　　　右（裏）

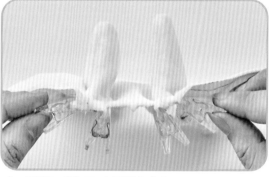

「ボディ・前」と「ボディ・後ろ／左右」の間に、「うで」を写真のよう
にはさみ、うでのつけ根を中表に合わせてクリップで固定します。

11

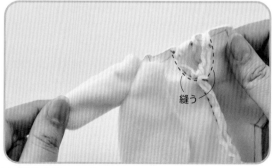

縫う

⑩でクリップでとめた部分を縫います。
脇の部分をU字に縫うイメージです。

12

後ろ

前

縫う

「ボディ・前」と「ボディ・後ろ／左右」を中表に
合わせて、股下をそれぞれ縫います。「つま先」と
「うで」を縫い込まないように気をつけましょう。

13

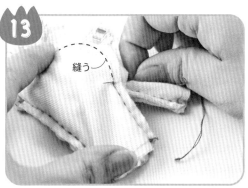

縫う

「ボディ・後ろ／左右」を
中表に合わせて、おしり
から背中にかけて縫いま
す。うでを縫い込まない
ように気をつけましょう。

14

ボディ・前
（裏）

足うら（裏）

「足うら」の合印を「つま先」「ボディ・後ろ／左右」
の合印と中表に合わせてクリップでとめます。

足首と股下のぬいしろは縫わない！

15

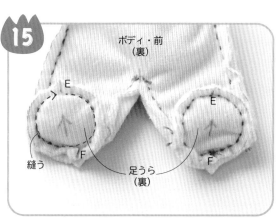

ボディ・前
（裏）

E

E

縫う

F

F

足うら
（裏）

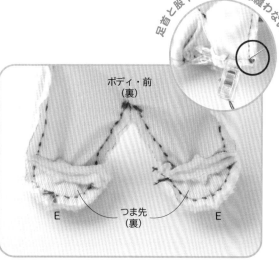

ボディ・前
（裏）

E

つま先
（裏）

E

「足うら」を縫います。「つま先」の
合印から縫いはじめましょう。

16

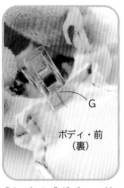

G

ボディ・前
（裏）

頭部の布を表に返して、「あご」と「ボディ・前」の合印を中表に合わせクリップでとめます。

17

顔（裏）

ボディ・前
（裏）

クリップをとめたまま、頭をもう一度裏に返します。

18

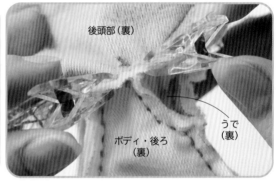

後頭部（裏）

うで
（裏）

ボディ・後ろ
（裏）

綿つめ口だけあくようにして、「後頭部」と「ボディ・後ろ／左右」「うでの後ろ側」、「うでの前側」と「あご」をクリップでとめます。「後頭部」の中心と背中の縫い目が一本のラインになるように意識しましょう。

19

前

後ろ

ボディと頭部を縫い合わせます。

20

前

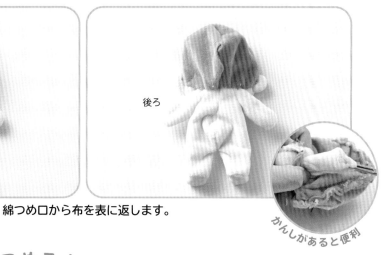

後ろ

綿つめ口から布を表に返します。

かんしがあると便利

綿をたくさんつめるよ。ムチッとボディのひけつ！

手芸わた
（頭用）

つぶ綿
（ボディ用）

使う綿の量の目安

この小さなボディに
これだけ綿が
つまってるよ！

ビックリ！

21

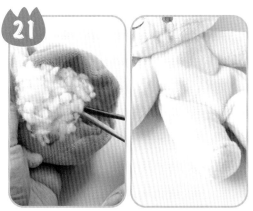

つま先と手先から先につぶ綿をつめます。かん
しや細い棒を使うと押し込みやすいです。

22

ボディ全体につぶ綿をつめます。おしりには重
点的につめましょう。綿が少ないとシワの原因
になります。

23

頭に手芸わたをつめます。(ケモミミをつける場合はP96・③へ)

ほっぺとあごにしっかりつめるのがポイント！

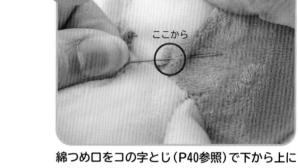

24

ここから

綿つめ口をコの字とじ(P40参照)で下から上に向かって縫います。縦は5mm間隔で、横は「後頭部」の仕上がり線を縫います。糸が切れてしまう場合は2本取りで縫いましょう。

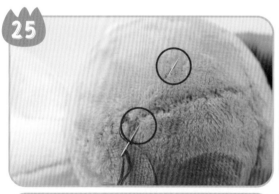

25

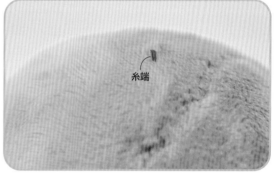

糸端

もみもみ

玉どめをしたら、コの字とじの縫い目に針を刺して玉どめをかくします。少し離れた位置から針を出し、糸を切って揉むと糸端は頭の中にかくれます。

プリッとしたおしりのひみつ、教えちゃう！

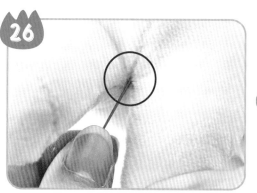

26

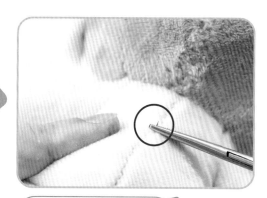

股の間から針を通して背中の縫い目から出します。

針先をかんしでつかむと
引き出しやすいよ

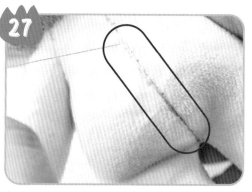

27

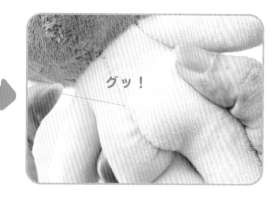

グッ！

もう一度くり返して背中から股の間に糸を渡します。背中から出した糸をグッと引っ張るとおしりのラインが浮かび上がります。

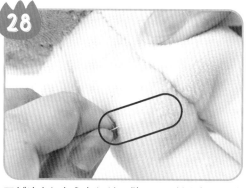

28

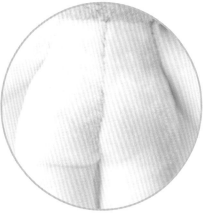

チークをつけたよ！
つけ方は
102ページへ

玉どめをしたらおしりの縫い目に針を刺して少し離れた位置から出し、糸を切ってボディを揉みます。おしりがプリッとするように、針で中の綿をならしたらかわいいおしりが完成。

頭にハネ毛をつけてね！

ハネ毛をつける位置を間違えて一度はがすと、
裁ほう用ボンドで布がごわついちゃうよ〜
一発勝負だと思ってよく確認してからつけてね。

29

裁ほう用ボンドとつまようじを用意。

ハネ毛の断面につまようじで
裁ほう用ボンドをつけます。

「顔」と「後頭部」の縫い目にハネ毛を
つけ、乾くまでマチ針で固定します。

ハネ毛がつくとニュアンスが
加わって表情が豊かに！

仕上げに顔のマッサージをするとかわいさアップ！

30

両手の親指を目にあて、人差し指であごを押し込みます。次に耳の上あたりを両サイドから押して頭の形を整えます。

最後に写真のようにぬいを持ち、頭の中にボディをギュッと押し込みます。こうすることで、あごとほっぺができて顔に立体感がうまれます。

31

完成！

お気に入りの
ぬい服を着せて
楽しもう！

かわいい推しぬいのできあがり！

step 3-2

10cm ぬい ボディの作り方

ミニサイズの10㎝ぬいもたまらないかわいさ！
ボディの組み立てはこっちのほうが簡単〜
前髪の刺しゅうなしの場合は、15㎝も同じ作り方になるよ。

ぼくの体を作って〜

道具・材料
・ソフトボア（肌用、髪の毛用）
・アイロン粘着シート
・手縫い糸
・つぶ綿
・手芸わた
・かんし
・裁ほう用ボンド、つまようじ

型紙
顔、後頭部、あご、耳、ボディ（前後）(P115)
髪の毛（一本結び・前髪）(P116)
髪の毛（一本結び・ハネ毛）(P116)

準備するパーツ

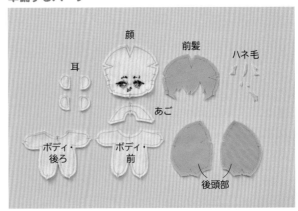

顔　前髪　ハネ毛　耳　あご　ボディ・後ろ　ボディ・前　後頭部

ハネ毛を準備しよう

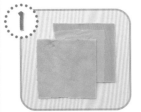

① 髪の毛用ソフトボアを外表に合わせアイロン接着シートをはさみます。

②（左） アイロン接着シートはアイロンにくっついてしまうので少しだけ小さめに切りましょう。

② あて布をしてアイロンを数十秒押しあてます（商品説明を参考に）。

③ 布がくっついたら型紙の裏側に両面テープを貼ります。

④ 布に型紙を貼りハネ毛のパーツを切ります。

⑤ 両面テープをはがして準備完了！

顔と頭と前髪のパーツから縫っていくよ〜

顔を中表に折って合わせ、ダーツを縫います。縫い方はずっとなみぬい（P40参照）です。

「顔」のダーツ5箇所、「後頭部」のダーツ2箇所、「髪」のダーツ3箇所をすべて縫います。

前髪（裏）

後頭部（裏）　後頭部（裏）

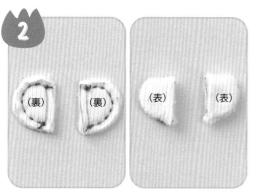

「耳」を中表に合わせて返し口を残して縫い、布を表に返します。

（裏）　（裏）　（表）　（表）

「耳」を顔の表側に、内側を向くように仮縫いします。

「耳」の位置と向きに気をつけてね〜

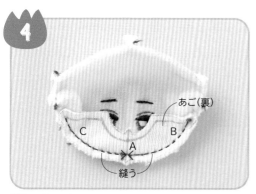

あご（裏）

C　B
A
縫う

3と「あご」を中表に合わせて縫います。両サイドから中央に向かって縫うとずれにくいです。

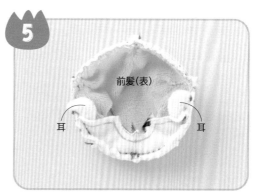

前髪（表）

耳　　耳

「顔」の上に「前髪」をかさね、ダーツ3箇所を合わせ仮縫いします。「耳」は縫わないように「前髪」の上に出します。

6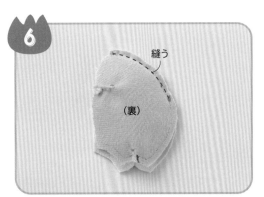

縫う

（裏）

縫い目は2mm間隔を
意識してね

「後頭部」を中表に合わせて頭の中心になるほ
うを縫います。綿つめ口まで縫わないようにし
ましょう。

7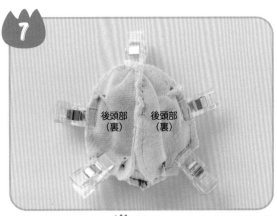

後頭部
（裏）　　後頭部
（裏）

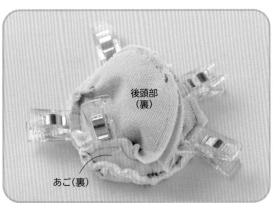

後頭部
（裏）

あご（裏）

5 に「顔・あご」と「後頭部」を中表に合わせて、クリップでとめ
ます。「顔」の中心のダーツと「後頭部」の縫い目を合わせましょう。

8

縫う

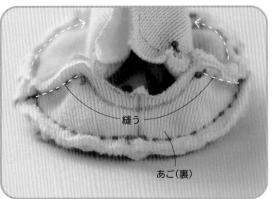

縫う

あご（裏）

「顔・耳・あご」と「後頭部」のクリップでとめ
た部分を両サイドから中央に向かって縫います。

ボディは布を2枚かさねて縫うだけだよ〜

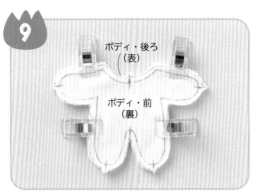

「ボディ・前後」を中表にして、5箇所の合印を
合わせてクリップでとめます。

ボディをぐるりと縫います。首周りは縫わない
ようにしましょう。

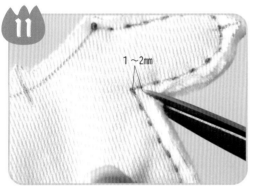

両脇と股に切れ込みを入れます。仕上がり線か
ら1〜2mm離しましょう。

どう、順調？

いい感じ〜

頭とボディを縫いつけるよ。あせらずゆっくり！

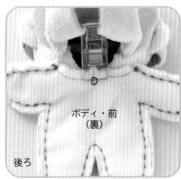

頭を表に返して、「あご」と「ボ
ディ・前」の合印を中表に合わ
せクリップでとめます。

13 クリップをとめたまま、頭をもう一度裏に返します。

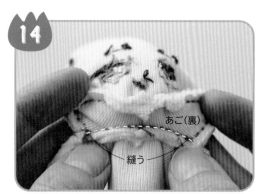

14 「あご」と「ボディ・前」を縫います。

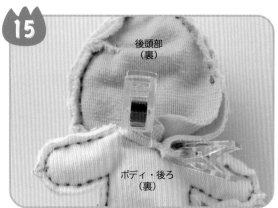

15

「後頭部」の左右の布を、「ボディ・後ろ」の
中央の合印に合わせクリップでとめます。

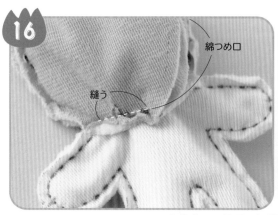

16

「ボディ・後ろ」と「後頭部」を縫います。
綿つめ口だけがあいている状態です。

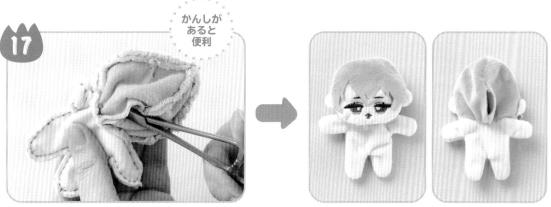

かんしがあると便利

17

綿つめ口から布を表に返します。

綿をつめてもちもちボディにしてね〜

手芸わた（頭用）

つぶ綿（ボディ用）

使う綿の量の目安

ぼくのボディにも綿がたくさんつまってる！

ワオ！

18

手足の先からボディにつぶ綿をつめます。綿が少ないとシワの原因になります。

19

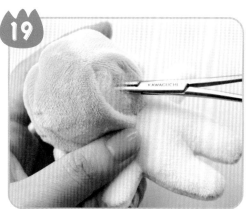

頭に手芸わたをつめます。ほっぺとあごにしっかりつめるのがポイントです。

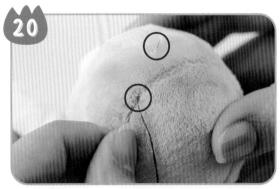

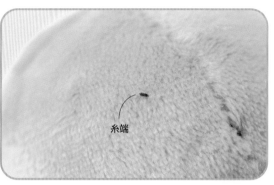

糸端

綿つめ口をコの字とじ（P40参照）で下から
上に縫います。玉どめをしたらコの字とじ
の縫い目に針を刺して玉どめをかくします。
少し離れた位置から針を出し、短く糸を切
って揉むと糸端は頭の中にかくれます。

 頭にハネ毛をつけてほしいな〜！

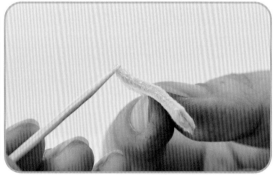

66ページと同様にハネ毛の断面につまよう
じで裁ほう用ボンドをつけます。「顔」と「後
頭部」の縫い目にハネ毛をつけ、乾くまで
マチ針で固定します。

仕上げに顔のマッサージをすればバッチリ！

22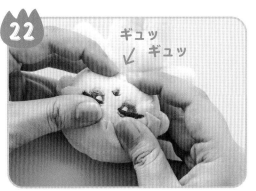

ギュッ ↓ ギュッ

両手の親指を目にあて、人差し指であごを押し込みます。次に耳の上あたりを両サイドから押して頭の形を整えます。

最後に写真のようにぬいを持ち、頭の中にボディをギュッと押し込みます。こうすることで、あごとほっぺができて頭に立体感がうまれます。

23

完成！

ぼくオシャレ～？Petit la vieのぬい服だよ！

ミニサイズのかわいい10cmぬいのできあがり！

ここでは15cmサイズを作っていますが、
10cmも同じ手順で作れます。型紙は前髪の刺しゅう
あり・なしどちらにも対応しているので、
好きな髪型を作ってみましょう。

できあがり

アイドル風

髪の型紙P117 （前髪刺しゅうあり）
つり目②P23

準備するパーツ

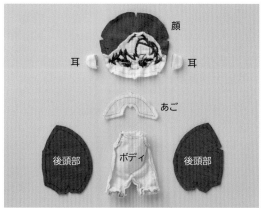

顔
耳　　　耳
あご
後頭部　　ボディ　　後頭部

裁ほう用ボンドで
貼る髪のパーツ

ハネ毛

1

すべてのダーツを縫い、「顔」に「耳」を仮縫いし、
「あご」と縫い合わせます。「顔・耳・あご」と「後
頭部」を縫い、ボディと縫い合わせます（P57・
58 ❶〜❻、P62 ⑯〜⑲ 参照）。

2

布を表に返します。

3

綿をつめて、コの字とじで綿つめ口を縫い、髪の
パーツを貼ったら完成です。

金髪プリン

髪の型紙P118（前髪刺しゅうあり）

つり目③P23

できあがり

準備するパーツ

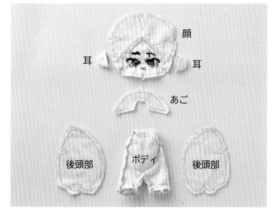

顔

耳　　　耳

あご

後頭部　　ボディ　　後頭部

裁ほう用ボンドで貼る髪のパーツ

ハネ毛　プリン部分

1

すべてのダーツを縫い、「顔」に「耳」を仮縫いし、「あご」と縫い合わせます。「顔・耳・あご」と「後頭部」を縫い、ボディと縫い合わせます（P57・58 ①〜⑥、P62 ⑯〜⑲ 参照）。

2

布を表に返します。

3

綿をつめて、コの字とじで綿つめ口を縫い、髪のパーツを貼ったら完成です。

みつあみ

髪の型紙P119 （前髪刺しゅうあり）
糸目P25

できあがり

準備するパーツ

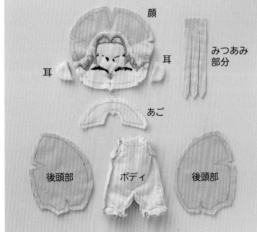

顔
耳　　　　耳
みつあみ部分
あご
後頭部　　ボディ　　後頭部

ハネ毛

裁ほう用ボンドで
貼る髪のパーツ

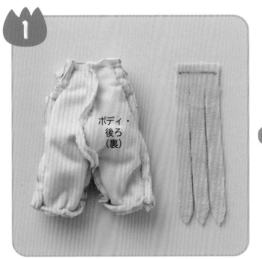

ボディ・後ろ（裏）

ボディの背中側に「みつあみ部分」を入れます。

2

すべてのダーツを縫い、「顔」に「耳」を仮縫いし、「あご」と縫い合わせます。「顔・耳・あご」と「後頭部」を縫い、ボディと縫い合わせます（P57・58 ❶〜❻、P62 ⑯〜⑲参照）。「ボディ・後ろ」「みつあみ部分」「後頭部」は3枚かさねて縫います。

3

布を表に返します。

4

綿をつめて、コの字とじで綿つめ口を縫います。

5

「みつあみ部分」をみつあみして髪ゴムで結び、髪のパーツを貼ったら完成です。

ポンパドール

髪の型紙P119（前髪刺しゅうあり）
タレ目❷P24

準備するパーツ

顔
耳
耳
あご
後頭部
ボディ
後頭部

ハネ毛

裁ほう用ボンドで
貼る髪のパーツ

刺しゅうの布のかさね方

肌用ソフトボア

髪の毛用ソフトボア

肌用ソフトボア

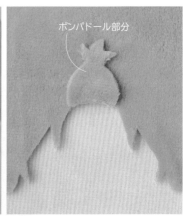

ポンパドール部分

前髪の刺しゅうは、「肌用ソフトボア」→「髪の毛用
ソフトボア」→「ポンパドール部分」の順にかさねます。

ポイント！

前髪を刺しゅうしない場合は、
中央の生え際だけ
裁ほう用ボンドで顔に貼るよ！
上からかさねる「ポンパドール部分」も、
生え際だけ顔に貼って、
結び目をバックステッチでとめてね。

1

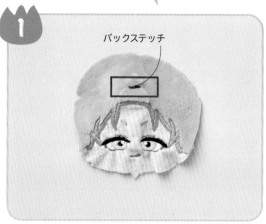

バックステッチ

「ポンパドール部分」の結び目をバックステッチ
（2本取り）で3列縫ってとめます。

2

すべてのダーツを縫い、「顔」に「耳」を仮縫いし、
「あご」と縫い合わせます。「顔・耳・あご」と「後
頭部」を縫い、ボディと縫い合わせます（P57・
58 ①～⑥、P62 ⑯～⑲ 参照）。

3

布を表に返します。

4

綿をつめて、コの字とじで綿つめ口を縫い、髪の
パーツを貼ったら完成です。

前髪メッシュ

髪の型紙P117 （前髪刺しゅうあり）
丸目①P23

準備するパーツ

顔
耳
耳
あご
後頭部
ボディ
後頭部

ハネ毛

裁ほう用ボンドで
貼る髪のパーツ

刺しゅうの布のかさね方

肌用ソフトボア

黒の髪の毛用ソフトボア
肌用ソフトボア

メッシュ部分

前髪の刺しゅうは、「肌用ソフトボア」→「黒の髪の毛用
ソフトボア」→「赤のメッシュ部分」の順に布をかさねます。

1

すべてのダーツを縫い、「顔」に「耳」を仮縫い し、「あご」と縫い合わせます。「顔・耳・あご」 と「後頭部」を縫い、ボディと縫い合わせます （P57・58 **1**～**6**、P62 **16**～**19** 参照）。

2

布を表に返します。

今度は 前髪メッシュに してほしいな～

3

綿をつめて、コの字とじで綿つめ口を 縫い、髪のパーツを貼ったら完成です。

ツートン

髪の型紙P118（前髪刺しゅうあり）
ジト目❶P24

できあがり

準備するパーツ

顔

耳　　　　　　　耳

あご

後頭部　　ボディ　　後頭部

ハネ毛

裁ほう用ボンドで
貼る髪のパーツ

刺しゅうの布のかさね方

肌用ソフトボア

黒の髪の毛用ソフトボア

肌用ソフトボア

白の
髪の毛用
ソフトボア

前髪の刺しゅうは、「肌用ソフトボア」→「黒の髪の毛用ソフ
トボア」→「白の髪の毛用ソフトボア」の順に布をかさねます。

すべてのダーツを縫い、「顔」に「耳」を仮縫いし、「あご」と縫い合わせます。「顔・耳・あご」と「後頭部」を縫い、ボディと縫い合わせます（P57・58 1〜6、P62 16〜19 参照）。

布を表に返します。

ツートンは白と黒でも
別の色で組み合わせてもいいよ。
赤と緑でクリスマスカラー!?

綿をつめて、コの字とじで綿つめ口を
縫い、髪のパーツを貼ったら完成です。

パーマ

髪の型紙P120（前髪刺しゅうなし）
ジト目❷P24

準備するパーツ

前髪
顔
耳　耳
あご
後頭部　ボディ　後頭部

ハネ毛
えり足

裁ほう用ボンドで
貼る髪のパーツ

1

すべてのダーツを縫い、「顔」に「耳」と「前髪」を仮縫いし、「あご」と縫い合わせます（P69 ❶〜❺参照）。「顔・耳・前髪・あご」と「後頭部」を縫い、ボディと縫い合わせます（P58 ❺〜❻、P62 ⓰〜⓳参照）。

2

布を表に返します。

3

綿をつめて、コの字とじで綿つめ口を縫います。

4

髪のパーツを貼り、マチ針で固定して乾いたら完成です。

片目かくし

できあがり

髪の型紙P120（前髪刺しゅうなし）
タレ目③P24

準備するパーツ

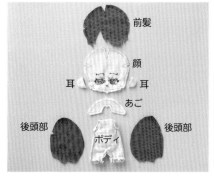

前髪
顔
耳　　耳
あご
後頭部　　後頭部
ボディ

ハネ毛

裁ほう用ボンドで
貼る髪のパーツ

1 すべてのダーツを縫い、「顔」に「耳」と「前髪」を仮縫いし、「あご」と縫い合わせます（P69 ① 〜 ⑤ 参照）。「顔・耳・前髪・あご」と「後頭部」を縫い、ボディと縫い合わせます（P58 ⑤ 〜 ⑥、P62 ⑯ 〜 ⑲ 参照）。

2 布を表に返します。

3 綿をつめて、コの字とじで綿つめ口を縫います。

4 髪のパーツを貼り、マチ針で固定して乾いたら完成です。

✦ メッシュ

でき・あ・が・り

髪の型紙P116、121（前髪刺しゅうなし）
ぐるぐるP25

準備するパーツ

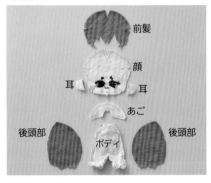

前髪
顔
耳　耳
あご
後頭部　後頭部
ボディ

前髪

ハネ毛

えり足

裁ほう用ボンドで貼る髪のパーツ

1

すべてのダーツを縫い、「顔」に「耳」と「前髪」を仮縫いし、「あご」と縫い合わせます（P69 1～5 参照）。「顔・耳・前髪・あご」と「後頭部」を縫い、ボディと縫い合わせます（P58 5～6、P62 16～19 参照）。

2

布を表に返します。

3

綿をつめて、コの字とじで綿つめ口を縫います。

4

髪のパーツを貼り、マチ針で固定して乾いたら完成です。

坊主

でき・あ・が・り

髪の型紙P122 （前髪刺しゅうなし）
三白眼P25

準備するパーツ

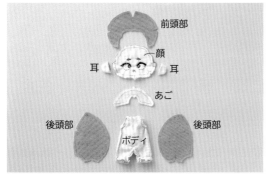

前頭部
顔
耳　　　耳
あご
後頭部　　　後頭部
ボディ

すべてのダーツを縫い、「顔」と「前頭部」を中表に
合わせて縫います。

「顔・前頭部」に「耳」を仮縫いし、「あご」と縫い
合わせます（P57 ③〜④参照）。

「顔・前頭部・耳・あご」と「後頭部」を縫い、ボ
ディと縫い合わせます（P58 ⑤〜⑥、P62 ⑯〜
⑲参照）。

布を表に返します。

綿をつめて、コの字とじで綿つめ口を縫ったら完
成です。

✦ オールバック

髪の型紙P122、123 （前髪刺しゅうなし）
ほほえみ①P25

でき・あ・が・り

準備するパーツ

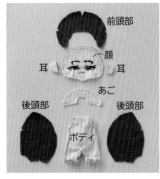

前頭部
顔
耳　　　耳
あご
後頭部　　　後頭部
ボディ

ハネ毛
横①　　　横①
横②　　　横②

裁ほう用ボンドで
貼る髪のパーツ

1

すべてのダーツを縫い、「顔」と「前頭部」を中表に合わせて縫います（P89 ① 参照）。「顔・前頭部」に「耳」を仮縫いし、「あご」と縫い合わせます（P57 ③〜④ 参照）。

2

「顔・前頭部・耳・あご」と「後頭部」を縫い、ボディと縫い合わせます（P58 ⑤〜⑥、P62 ⑯〜⑲ 参照）。

3

布を表に返します。

4

綿をつめて、コの字とじで綿つめ口を縫います。

5

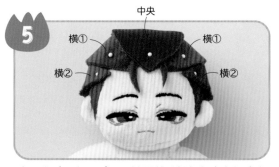

中央
横①　　　横①
横②　　　横②

オールバックのパーツは両サイドから中心に向かって貼ります。前髪とハネ毛を貼り、マチ針で固定して乾いたら完成です。

かりあげ

できあがり

髪の型紙P122、123 （前髪刺しゅうなし）
つり目④P23

準備するパーツ

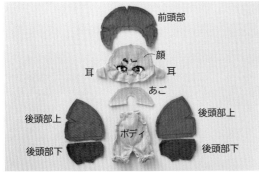

前頭部
顔
耳　耳
あご
後頭部上　後頭部上
ボディ
後頭部下　後頭部下

裁ほう用ボンドで
貼る髪のパーツ

前髪

1

すべてのダーツを縫い、「顔」と「前頭部」、「後頭部」
の上下を中表に合わせて縫います。

2

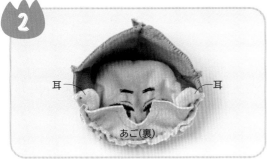

耳　耳
あご（裏）

「顔・前頭部」に「耳」を仮縫いし、「あご」と縫い
合わせます（P57③〜④参照）。

3

「顔・前頭部・耳・あご」と「後頭部」を縫い、ボ
ディと縫い合わせます（P58⑤〜⑥、P62⑯〜
⑲参照）。

4

布を表に返します。

5

綿をつめて、コの字とじで綿つめ口を縫い、髪の
パーツを貼ったら完成です。

91

ハーフアップ

髪の型紙P124、125（前髪刺しゅうなし）

タレ目④P24

でき・あ・が・り

準備するパーツ

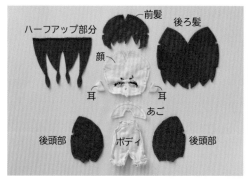

ハーフアップ部分 / 前髪 / 後ろ髪 / 顔 / 耳 / 耳 / あご / 後頭部 / ボディ / 後頭部

ハネ毛

裁ほう用ボンドで貼る髪のパーツ

1

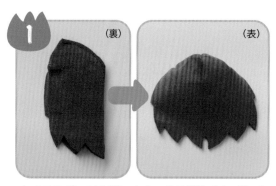

（裏）　（表）

すべてのダーツを縫います。後ろ髪も忘れずに！

2

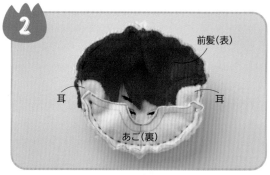

前髪（表）

耳　　　耳

あご（裏）

「顔」に「耳」と「前髪」を仮縫いし、「あご」と縫い合わせます（P69 ③〜⑤参照）。

3

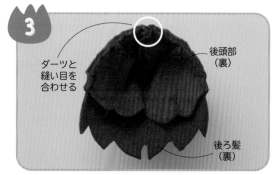

ダーツと縫い目を合わせる

後頭部（裏）

後ろ髪（裏）

「後頭部」の中心側を縫い（P58 ⑤参照）、「後ろ髪」をかさねて仮縫いします。

4

ハーフアップ部分（表）

後ろ髪（表）

さらにその上から「ハーフアップ部分」をかさねて仮縫いします。

5

（表）

後頭部
（裏）

「後ろ髪・ハーフアップ部分」を後頭部の内側
に押し込み、テープでコンパクトにまとめます。

6

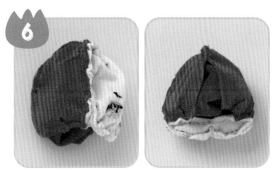

「顔・前髪・耳・あご」と「後頭部・後ろ髪・ハー
フアップ部分」を中表にして縫います（P58 🌷 参
照）。

7

🌷とボディを縫い合わせます（P62 🌷 ～ 🌷 参
照）。

8

前

後ろ

布を表に返します。

9

「後ろ髪・ハーフアッ
プ部分」を顔側にめく
り、綿をつめて、綿つ
め口をコの字とじで縫
い、髪を背中側に戻し
ます。

後頭部

綿つめ口

10

髪をヘアゴムで結び、髪のパーツを貼ったら完成です。

ロング

できあがり

髪の型紙P124、126 （一部前髪刺しゅうあり）
ねむり目P25

準備するパーツ

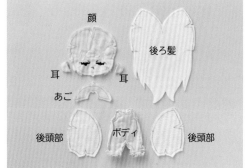

顔
後ろ髪
耳
耳
あご
後頭部　ボディ　後頭部

前髪（表）
顔（裏）

前髪の中心を刺しゅうしていないので、顔の
裏側の布は切りません。

1

後ろ髪
（表）

すべてのダーツを縫います。後ろ髪も忘れずに！

2

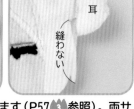

耳
縫わない

「顔」に「耳」を仮縫いします（P57 3 参照）。両サ
イドのもみあげは縫わないように注意。

3

「顔・耳」と「あご」を縫い合わせます（P57 4 参照）。
「前髪」を縫い込まないようにテープでとめます。

4

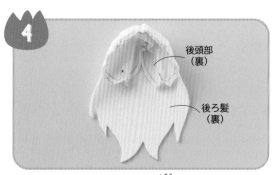

後頭部
（裏）

後ろ髪
（裏）

「後頭部」の中心を縫い（P58 5 参照）、「後ろの髪」
をかさねて仮縫いします。

ポイント！

ひっくり返した状態の図。
髪を縫い込まないように
気をつけて！

5

「後ろ髪」を後頭部の内側に押し込み、テープでコンパクトにまとめます。「顔・前髪・耳・あご」と「後頭部・後ろ髪」を中表にして縫います（P93 5 〜 6 参照）。

6

5 と「ボディ」を縫い合わせます（P62 16 〜 19 参照）。

7

前

後ろ

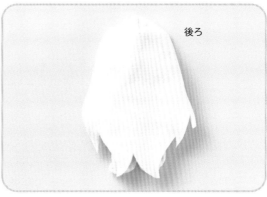

布を表に返します。

8

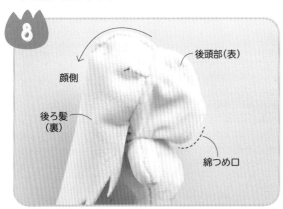

後頭部（表）

顔側

後ろ髪
（裏）

綿つめ口

「後ろ髪」を顔側にめくり、綿をつめて、綿つめ口をコの字とじで縫い、髪を背中側に戻したら完成です。

くまミミ・キツネミミ

できあがり・・・・・・

髪の型紙P127（前髪刺しゅうなし）
丸目②P23

準備するパーツ

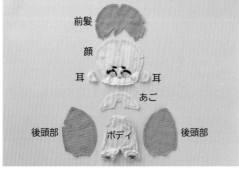

前髪
顔
耳　　耳
あご
後頭部　　ボディ　　後頭部

裁ほう用ボンドで
貼る髪のパーツ

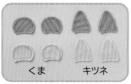

くま　　キツネ

ケモミミのパーツ

1

すべてのダーツを縫い、「顔」に「耳」と「前髪」を仮縫いし、「あご」と縫い合わせます（P69①〜⑤参照）。「顔・耳・前髪・あご」と「後頭部」を縫い、ボディと縫い合わせます（P58⑤〜⑥、P62⑯〜⑲参照）。

2

布を表に返します。

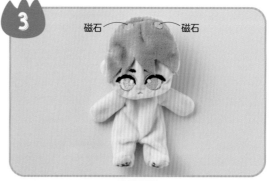

3

磁石　　磁石

耳をつけたい位置の布を頭の内側と外側から磁石ではさみます。内側に磁石を入れたまま綿をつめて、綿つめ口をコの字とじで縫います。

4

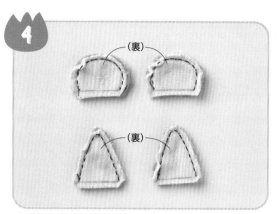
（裏）　（裏）

ケモミミのパーツへ。茶色とピンクの布を中表に合わせ、返し口を残して赤いラインを縫います。

5

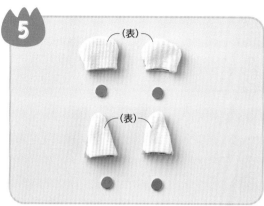
（表）

（表）

布を表に返し磁石を入れて、返し口をコの字とじで縫います。

6

くまミミ

キツネミミ

ケモミミをつけて、髪のパーツを貼ったら完成です。

しっぽと肉球をつけるともっとかわいくなるよ
104ページを見てね！

ツインテール

髪の型紙P123、127（前髪刺しゅうあり）
丸目❸P23

できあがり

準備するパーツ

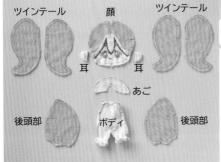

ツインテール　　顔　　ツインテール
耳　　　　耳
あご
後頭部　　ボディ　　後頭部

1 すべてのダーツを縫い、「顔」に「耳」を仮縫いし、「あご」と縫い合わせます。「顔・耳・あご」と「後頭部」を縫い、ボディと縫い合わせます（P57・58 ❶〜❻、P62 ⓰〜⓳参照）。

2 布を表に返します。

3 綿をつめて、コの字とじで綿つめ口を縫います。

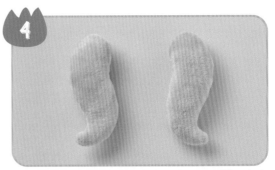

4 ツインテールのパーツを中表に合わせて縫います（綿つめ口はあけておく）。表に返して綿をつめ、コの字とじで綿つめ口を縫います。

5

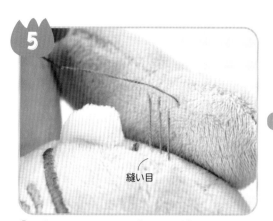 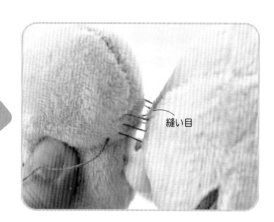

縫い目 縫い目

「ツインテール」をコの字とじで縫いつけます。
「顔」と「後頭部」の縫い目をはさむように縫
えば完成です。

＼ ポニーテールにもなる！／

横につければサイドポニーテールに！

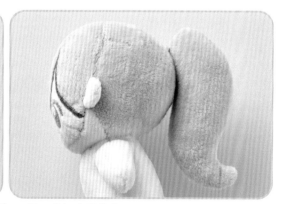

頭の後ろにつければポニーテールに大変身！

カールツインテール

できあがり

髪の型紙P123、127（前髪刺しゅうあり）
丸目③P23

準備するパーツ

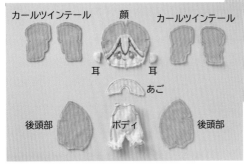

カールツインテール　　顔　　カールツインテール
耳　　　　　　　　　耳
　　　　　　　あご
後頭部　　ボディ　　　後頭部

下パーツ

裁ほう用ボンドで
貼る髪のパーツ

1

すべてのダーツを縫い、「顔」に「耳」を仮縫いし、「あご」と縫い合わせます。「顔・耳・あご」と「後頭部」を縫い、ボディと縫い合わせます（P57・58 ❶〜❻、P62 ⓰〜⓳参照）。

2

布を表に返します。

3

綿をつめて、コの字とじで綿つめ口を縫います。

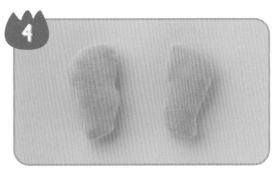

4

カールツインテールのパーツを中表に合わせて縫います（綿つめ口はあけておく）。表に返して綿をつめ、コの字とじで綿つめ口を縫います。

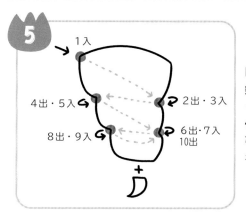

図を参照し、カールツインテールの角の縫い目から針を刺して（1入）反対側のくぼみ部分に出します（2出）。縫い目をはさんで針を刺し（3入）、反対側のくぼみ部分に出します。これを繰り返し、糸を引いて立体的にします。玉どめをしたら縫い目に針を刺して少し離れた位置から出し、糸を切ります。

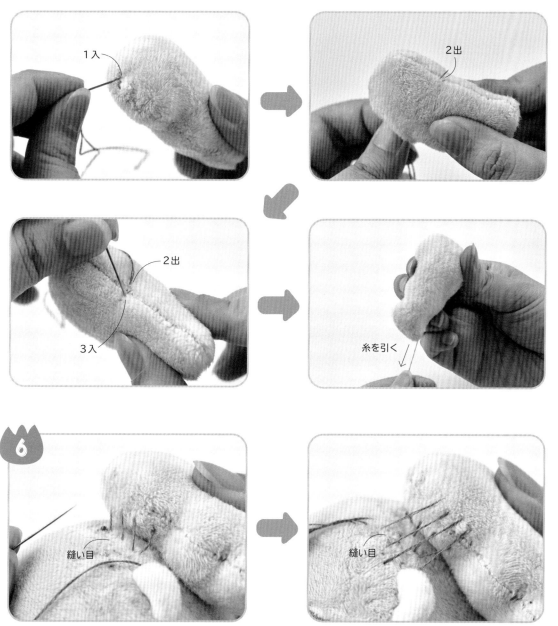

「カールツインテール」をコの字とじで縫いつけます。「顔」と「後頭部」の縫い目をはさむように縫います。カールツインテールに髪のパーツを貼ったら完成です。

カスタマイズに チャレンジ！

ボディの組み立て方をマスターしたら、推しぬいを自分好みにもっとかわいくカスタマイズしてみましょう。

☆ チーク・クマの入れ方

完成した推しぬいにチークを入れると、さらにかわいさがアップします！

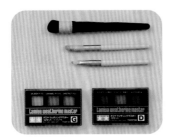

使ったアイテム
(左下) チーク・・・「タミヤ　ウェザリングマスターGセット」
(右下) クマ・・・「タミヤ　ウェザリングマスターDセット」

アイテムによって色の濃さが違うので、布の切れ端に試し塗りしてから使いましょう。この本ではメイクブラシでつけていますが、付属のチップでも大丈夫です。

ポンポンとチークをかさねづけします。

\ぬむ流/

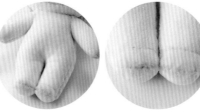

チークは、ほっぺ、おでこ、鼻、耳、手先、つま先、おしりに入れるのがぬむ流！　自分好みにチークを入れてみてくださいね。

一緒にお出かけしたり、洗ったりしているうちに、チークが薄くなってくることがあります。そのときはチークをつけ直してあげましょう。

\寝不足なんだよね～/

目の下に暗めの色を入れたらクマのできあがり！

☆ ボーンの入れ方

ボーンやスケルトンと呼ばれる骨格パーツを入れると、手足の関節を動かせるようになります。ワイヤーで代用することもでき、一部100円ショップやネットショップでも手に入ります。この本では15㎝ぬいがボーンに対応した作りになっていますよ。

バンザイ！

キック！

ジャンプ！

ボーン入れは綿つめと一緒に行います。

つま先と手先に2㎝ほど綿をつめてからボーンを入れ、綿をギュウギュウにつめれば完成です。

ポイント！

ボーンの周りに脂肪をつけるようなイメージで綿をつめるよ。指だと押し込みづらいからかんしを使ってね！

涙ぼくろがチャームポイント！

☆ ほくろ・そばかすのつけ方

ほくろとそばかすは玉どめを応用して簡単に作れます！

1

布の裏から針を刺し、表で玉どめをします。

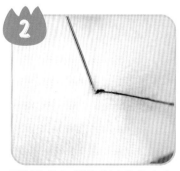

2

玉どめのすぐ横に針を入れます。

3

糸を引いたらほくろのできあがり。布の裏でも玉どめをします。

しっぽのつけ方

型紙P127

ケモミミ（P96〜97参照）と同じ手順で作れます。もしケモミミをつける場合は一緒に作業しましょう。

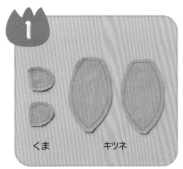

くま　　　キツネ

布に型紙を写して切ります。

綿つめ口をあけて縫います。

綿をつめたら最後に磁石を入れて、綿つめ口をコの字とじで縫います。

しっぽをつけたい位置の布を内側と外側から磁石ではさみます。内側に磁石を入れたまま綿をつめて、綿つめ口をコの字とじで縫います。

しっぽのできあがり！
好きな形にアレンジしてもOK。

肉球の刺しゅうの仕方

型紙15㎝・P113、114

15㎝ぬいは手足に肉球の刺しゅうをするのもおすすめ！　作り方は顔の刺しゅう（P46〜55）を参考にしてください。

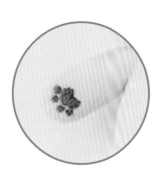

刺しゅうシートに「うで」「足うら」の型紙と肉球を写し、肌用ソフトボアにかさね刺しゅう枠にセット、合印と裁ち切り線の一部を仮縫いします。バックステッチでふちどりをしてサテンステッチで縫ったら、刺しゅうシートを溶かします。仮縫いした合印と裁ち切り線を目安に、肌用ソフトボアに型紙を写して切ったら刺しゅうのできあがりです。

ケモミミ、しっぽ、肉球をフルセットでつけるとめちゃかわいい！

\これってどうなの?/

推しぬい作りの悩みを解決 Q&A

\こんなとき どうすればいいの?/

推しぬい作りにまつわる疑問を
ぬむさんに聞いてみました!

Q1 ミシンで作ってもいいですか?

numu

もちろん大丈夫です。細かい部分は少し縫うのがむずかしいかもしれ
ません。縫い間違いやケガには十分気をつけて制作してくださいね。

Q2 布はナイレックスを使っても いいですか?

\ヘ〜/

numu

OKですがナイレックスは生地が薄いので、刺しゅうをし
たときに裏側の糸が伸びていると、表から透けてしまいま
す。糸の処理はていねいに行いましょう。

Q3 縫い方は簡単なのにサテンステッチが きれいに仕上がりません。

numu

糸が平行になるように縫いましょう。斜めになったりかさなったりす
るときれいに見えません。

Q4 刺しゅうをしていると糸が
ねじれてきてしまいます。

針を刺して引くときに、針が回転しないように意識してみてください。
ねじれてきたら、刺しゅうの合間合間にねじれを直しましょう。

Q5 顔の刺しゅうをしたら布が引っ張られて、
顔にシワができてしまいました。

頭に綿をギュウギュウにつめると多少のシワは伸びるので安心してく
ださい。

Q6 なみぬいの表の縫い目はまっすぐなのに、
裏の縫い目がブレてしまいます。

針を刺したら、垂直に刺さっているか、一針ずつ裏側を確認しながら
縫うときれいに縫えますよ。

Q7 なみぬいをすると
布にシワが寄ってしまいます。

縫う間隔が広すぎると（5㎜以上）、糸を引いたときに布にシワが寄
ってしまいます。2㎜間隔を意識して縫いましょう。

＼なるほど〜！／

Q8
**綿をたくさんつめたのに顔に
シワができてしまいました。**

まだ綿が少ないのかも！　もう無理という段階からさらに押し込み、
はちきれる寸前までつめます。ほっぺ、あご周りには最初にしっかり
綿をつめましょう。

Q9
**綿をたくさんつめたのに
おしりにシワができてしまいました。**

おしりにも、もっと綿をつめてみましょう！　綿は頭もボディ
も自分が思っている2〜3倍はつめるイメージです。

\ふむふむ/

Q10
**ボディにも手芸わたをつめて
いいですか？**

つぶ綿のほうがおすすめですが、手芸わたをつめてもOKです。手芸
わたはギュウギュウにつめると腕があがらなくなるので気をつけましょ
う。

Q11
**綿をギュウギュウにつめると、
綿つめ口が縫えません。**

ここはカワザなのですが、頭をギュッとつかんで綿
をなんとか少しヘコませて縫っています。糸を強く
引っ張るので、切れないように強度が高いものを使っ
てください。

\スッキリ!/

かわいいぬい服を買うならココ！

推しぬいが完成したらかわいく
コーディネートしたいですよね。
そんなときはこの6ショップがオススメ！

ぬいちゅーむ

「アニメイト」のオリジナルブランドがメチャカワ～！
https://www.animate.co.jp/special/392987/

羽
（デビル/エンジェル）
880円

フリル付きマント
990円

**もこもこ
フード
ポンチョ**
（いちご）
1,078円

おやすみセット
（ピンク/グリーン）
1,078円

ORIGOO
（オリグー）

ぬいぐるみ洋服専門店だからこその、充実のラインナップ！
http://origoo-onlinestore.com/smartphone/

ストライプTシャツ
15cm（RED/他全5色）
880円

ベルクロシャツ
15cm（WINE/他全3色）
1,100円

ハニーTシャツ
15cm（ブラック/ホワイト）
1,100円

ハニーベーシックシャツ
15cm（YELLOW/SKYBLUE/他全5色）
1,100円

ベーシックニットベスト
15cm
1,320円

Seria

オタクにもお財布にもやさしくて最強！
https://www.seria-group.com/

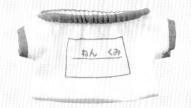

ぬい用体操服
ぬい活（緑/赤）
110円

ぬい用ジャージパンツ
ぬい活※（緑/赤）
110円

ぬい用ジャージトップスM
ぬい活※（緑/赤）
110円

※欠品中のため、店舗によっては在庫がない場合があります。

G.triGer
（ジー・トリガー）

おもしろかわいいきぐるみを
ゲットできちゃう！
https://g-triger.net/

ぬいぐるみ用
きぐるみ
（食べ物シリーズ）
（食パン/チキン）
1,100円

ぬいぐるみ用
きぐるみ（蜂）
1,980円

ぬいぐるみ用
うさ耳パーカー
15cm用（イエロー）
1,540円

ぬいぐるみ用
ヒョウ柄パーカー
15cm（ピンク/ブラック）
1,100円

ぬいぐるみ用
パジャマ
（ミント/ピンク）
1,100円

fuji berry

オーナーさんが海外メーカーから
仕入れたぬい服が手に入る！
https://fujiberry.kawaiishop.jp/

カジュアルパンツ
15cm（ペールグレー）
790円

フリルの
オーバーサイズパーカー
15cm（イエロー）
1,430円

カラフルオーバーオール
15cmぬいぐるみ用（ブルー）
1,830円

Petit la vie
（プティ ラ・ヴィ）

この本の10cmぬいにぴったりサイズの
服を買うならココ！
https://www.movic.jp/shop/pages/petitlavie.aspx

お洋服 チェック
（赤/緑）
1,320円

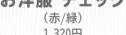

ジャケット
（ブラック/ネイビー）
1,320円

ふわもこフード
（パステルピンク/
ホワイト/クリーム）
1,650円

カラートップス（同色2着セット）
10cmぬいぐるみ用（全10色）
1,650円

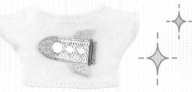

※ワッペンはすべて編集部私物です。

メガネ
（アクアブルー・クリア/
ブラック）
1,320円

サングラス
（シークレットブラック/ベージュ×グレー/
ブラック×ピンク）
1,320円

**ショルダーバッグ
ハート**
（ピンク/ミントグリーン）
1,540円

※定価はすべて税込みです。　※掲載商品は取材時点のものであり、現在お取り扱いしていない場合があります。

ボディ&髪の型紙

型紙の見方、写し方は38ページを参考にしてください。

ボディ
（原寸大で
コピーできます）

15cm
ボディ
P113〜114

10cm
ボディ
P115

髪型
（15cmサイズは原寸大、
10cmサイズは74%に
縮小してコピー）

ツンツン
P116

一本結び
P116

アイドル風
P117

前髪メッシュ
P117

ツートン
P118

金髪プリン
P118

ポンパドール
P119

みつあみ
P119

片目かくし
P120

パーマ
P120

メッシュ
P116、121

坊主
P122

オールバック
P122〜123

かりあげ
P122〜123

ハーフアップ
P124〜125

ロング
P124、126

くまミミ、
キツネミミ
P127

ツインテール、
ポニーテール、
サイドポニーテール
P123、127

カール
ツインテール
P123、127

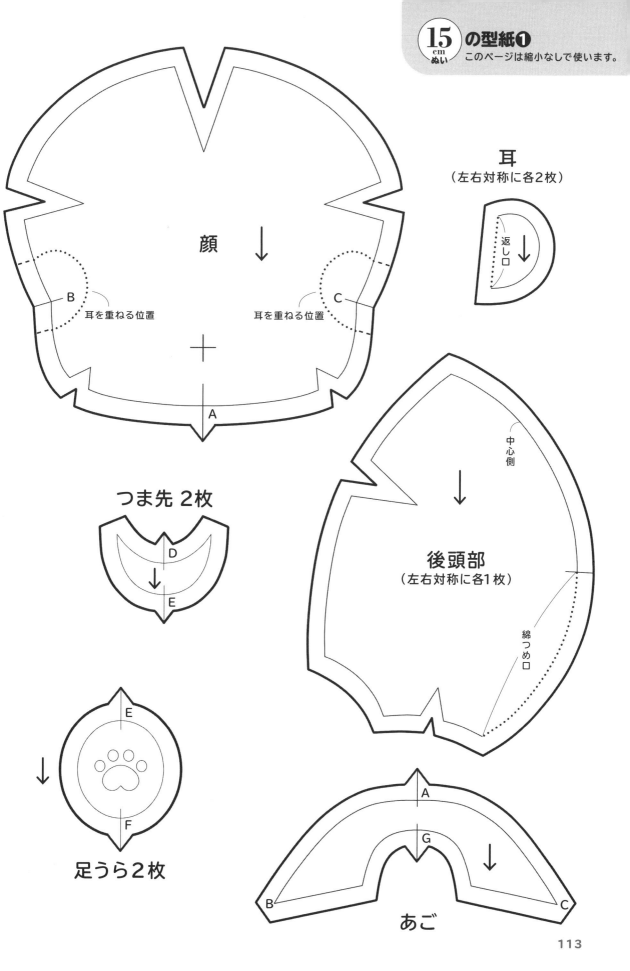

顔 ↓

B 耳を重ねる位置

C 耳を重ねる位置

A

耳
（左右対称に各2枚）

返し口 ↓

つま先 2枚

D ↓ E

後頭部
（左右対称に各1枚）

中心側 ↓

綿つめ口

E ↓ F

足うら2枚

A

G ↓

B C

あご

113

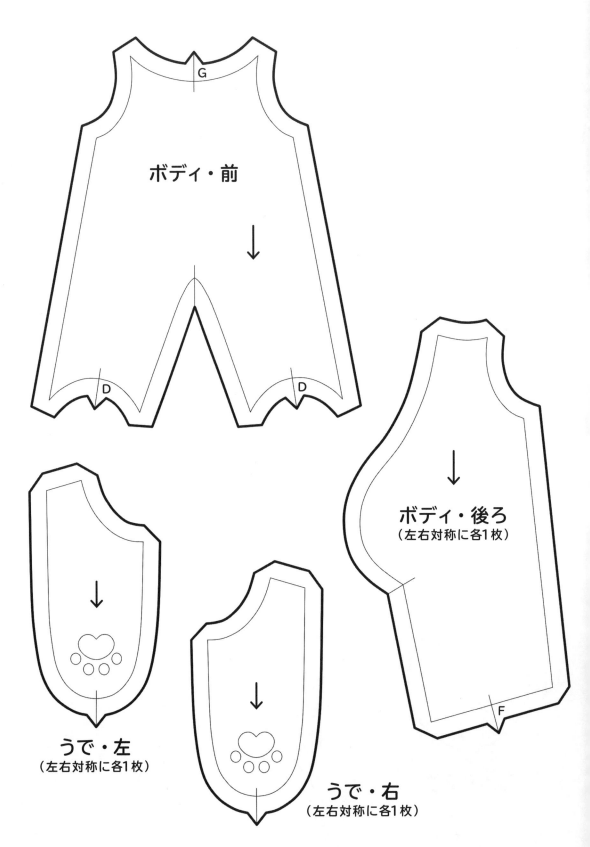

ボディ・前

G

D　　D

ボディ・後ろ
（左右対称に各1枚）

F

うで・左
（左右対称に各1枚）

うで・右
（左右対称に各1枚）

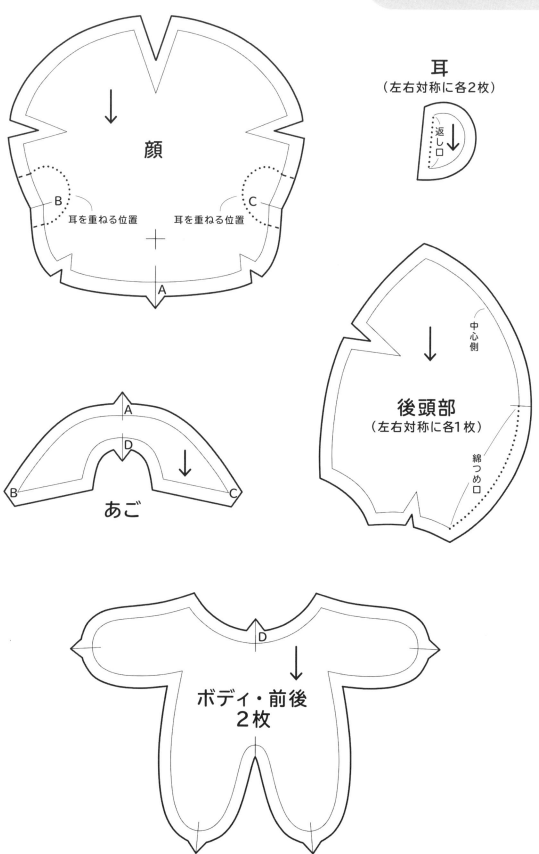

耳
（左右対称に各2枚）

返し口

顔

B 耳を重ねる位置　　耳を重ねる位置 C

A

中心側

後頭部
（左右対称に各1枚）

綿つめ口

A

D

B C

あご

ボディ・前後
2枚

D

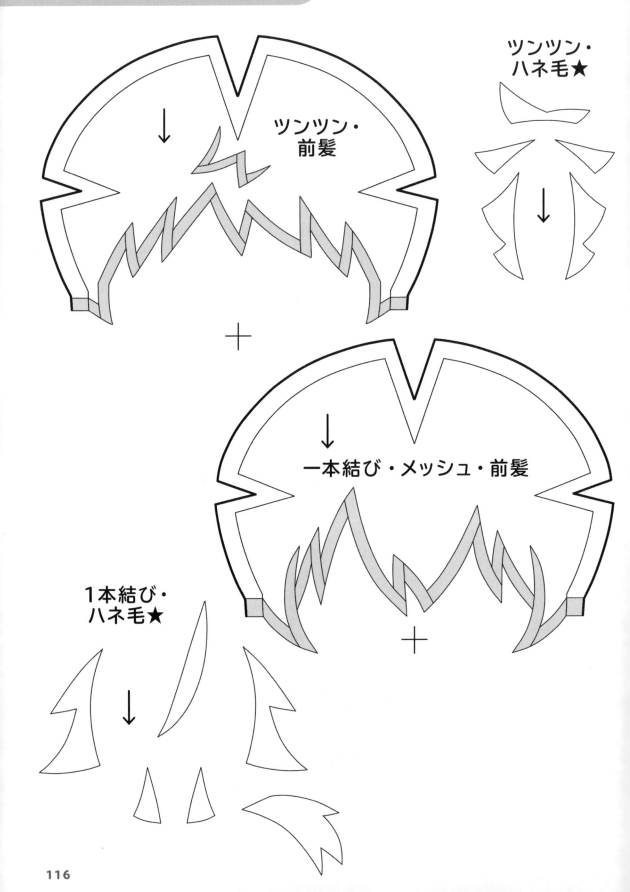

ツンツン・ハネ毛★

ツンツン・前髪

一本結び・メッシュ・前髪

1本結び・ハネ毛★

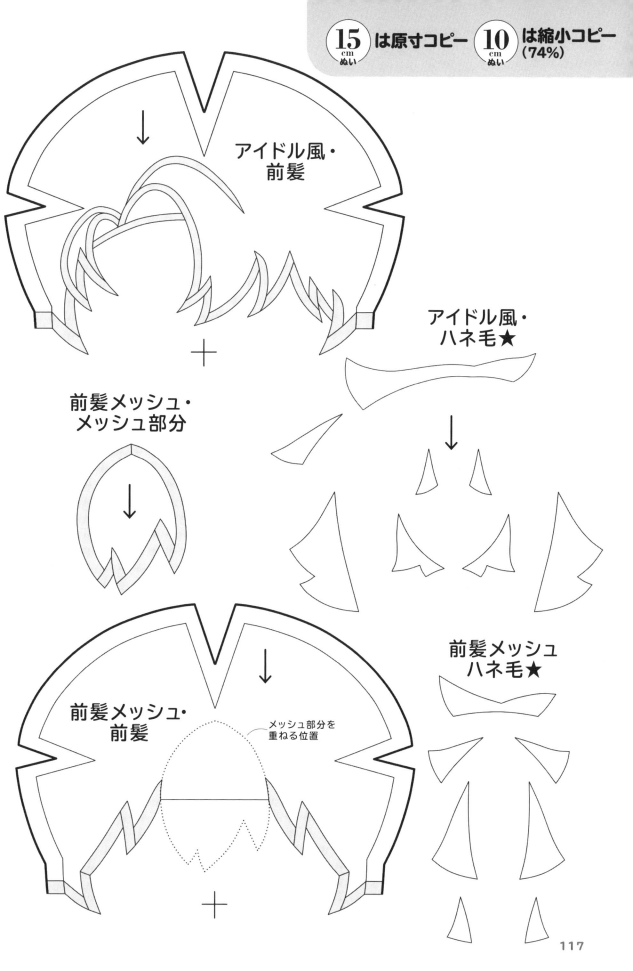

アイドル風・前髪

アイドル風・ハネ毛★

前髪メッシュ・メッシュ部分

前髪メッシュ・前髪

メッシュ部分を重ねる位置

前髪メッシュ・ハネ毛★

117

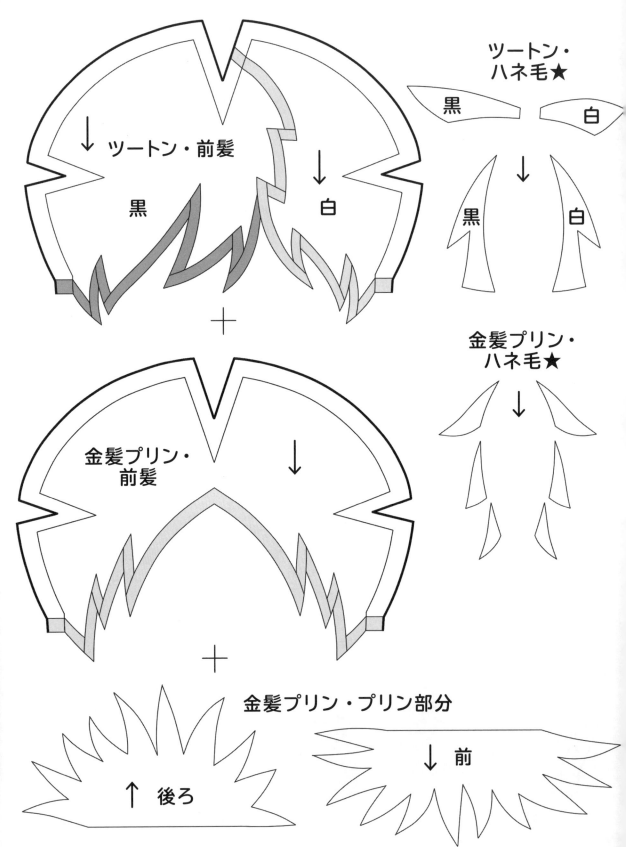

ツートン・ハネ毛★

黒　白

黒　白

ツートン・前髪

↓

黒　↓　白

＋

金髪プリン・ハネ毛★

↓

金髪プリン・前髪

↓

＋

金髪プリン・プリン部分

↑ 後ろ

↓ 前

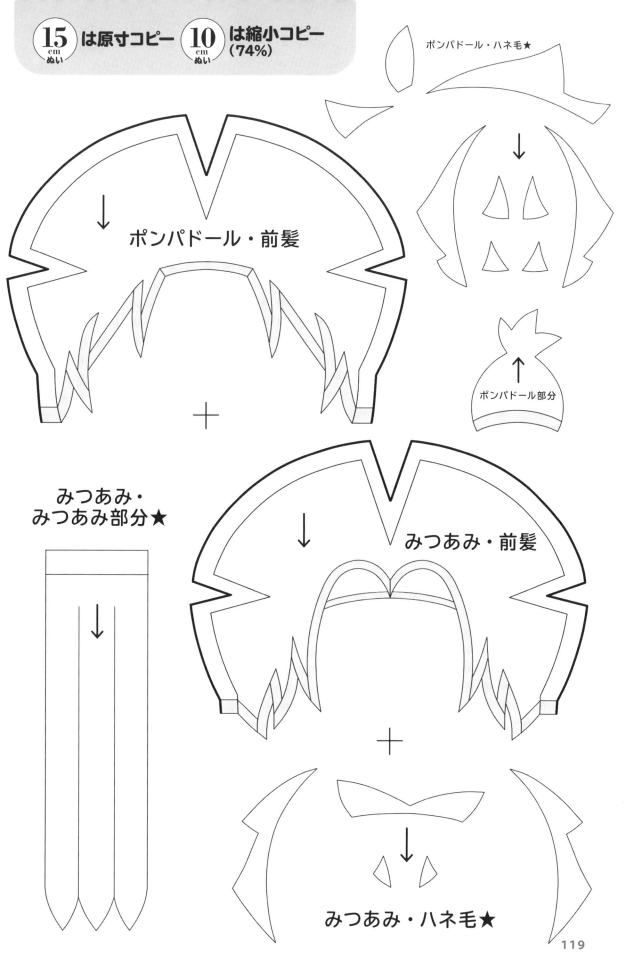

ポンパドール・ハネ毛★

ポンパドール・前髪

ポンパドール部分

みつあみ・
みつあみ部分★

みつあみ・前髪

みつあみ・ハネ毛★

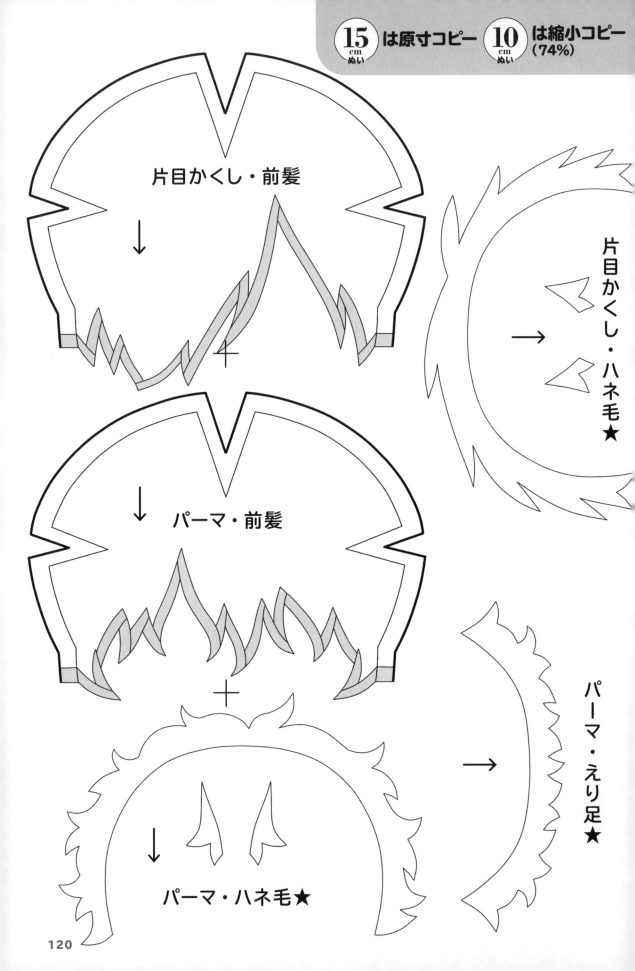

片目かくし・前髪

片目かくし・ハネ毛★

パーマ・前髪

パーマ・えり足★

パーマ・ハネ毛★

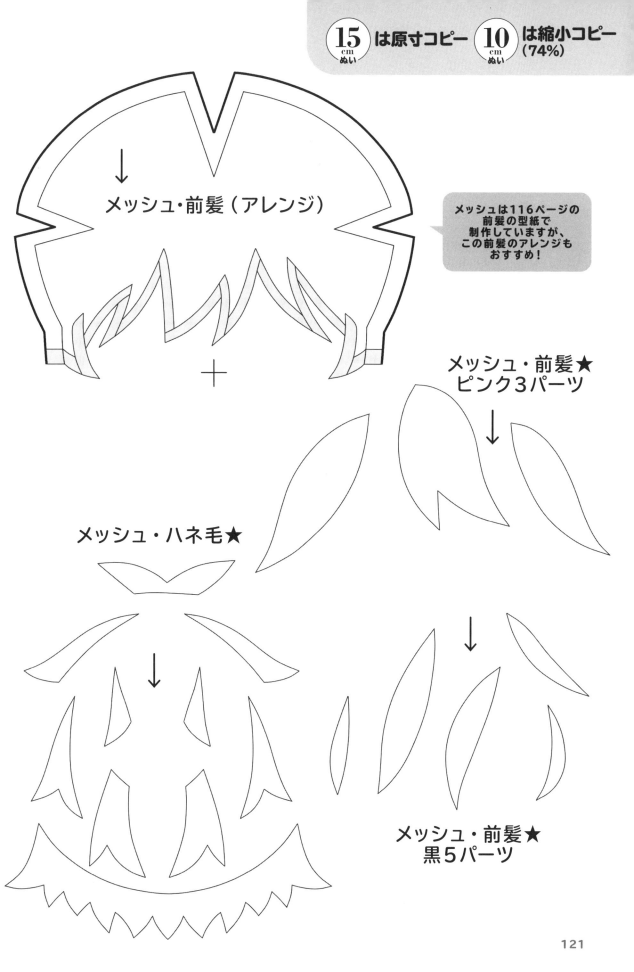

メッシュ・前髪（アレンジ）

メッシュは116ページの
前髪の型紙で
制作していますが、
この前髪のアレンジも
おすすめ！

メッシュ・前髪★
ピンク3パーツ

メッシュ・ハネ毛★

メッシュ・前髪★
黒5パーツ

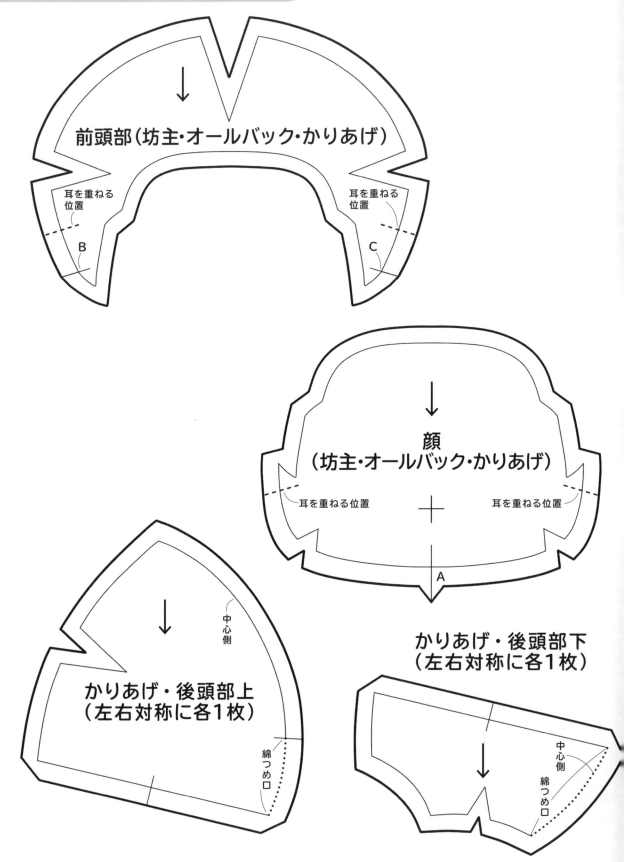

前頭部（坊主・オールバック・かりあげ）

耳を重ねる位置

耳を重ねる位置

B

C

顔（坊主・オールバック・かりあげ）

耳を重ねる位置

耳を重ねる位置

A

かりあげ・後頭部上（左右対称に各1枚）

中心側

綿つめ口

かりあげ・後頭部下（左右対称に各1枚）

中心側

綿つめ口

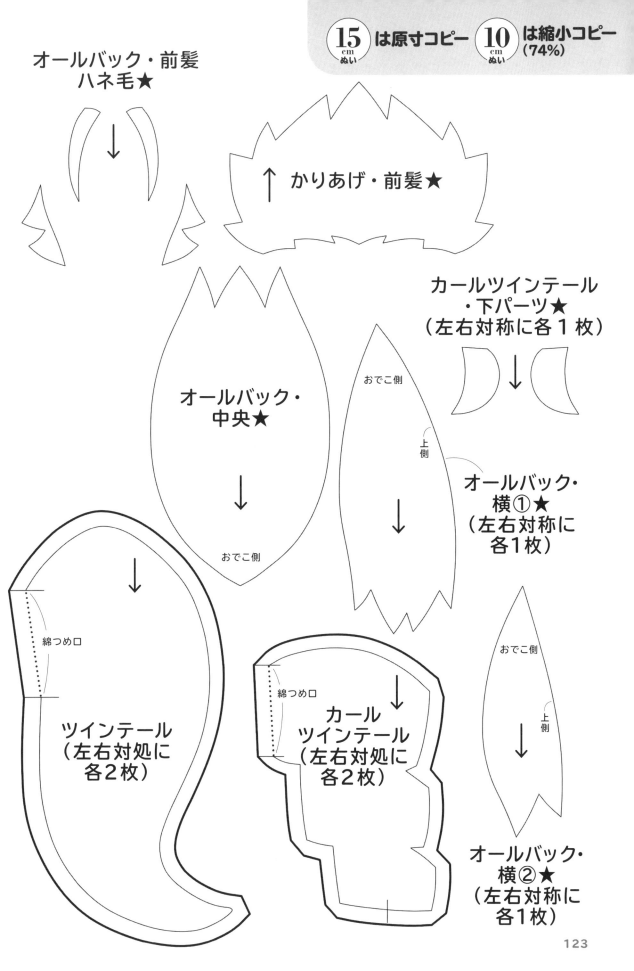

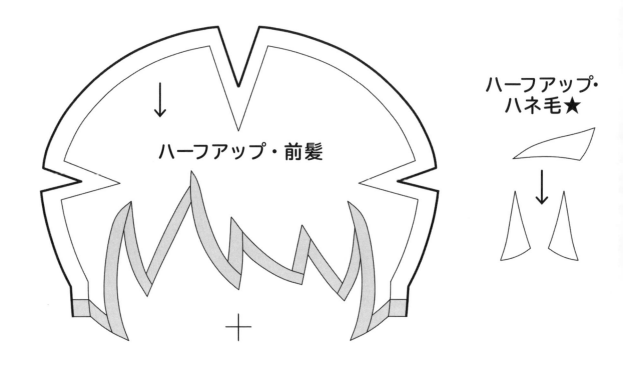

ハーフアップ・前髪

ハーフアップ・ハネ毛★

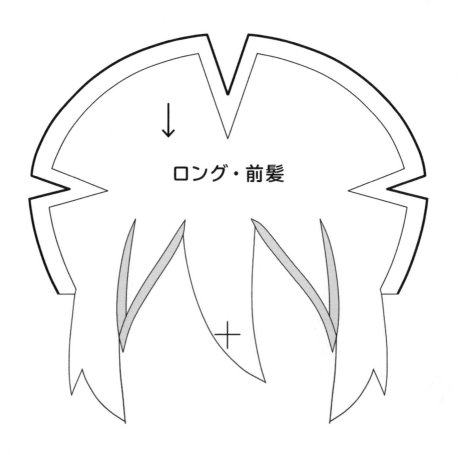

ロング・前髪

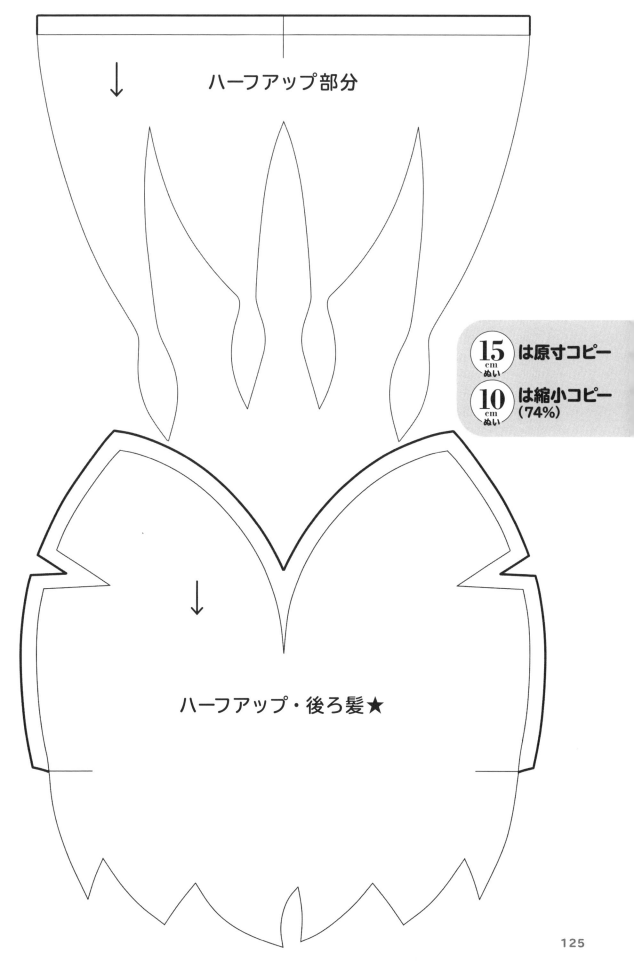

ハーフアップ部分

15 ㎝ ぬい は原寸コピー

10 ㎝ ぬい は縮小コピー（74%）

ハーフアップ・後ろ髪★

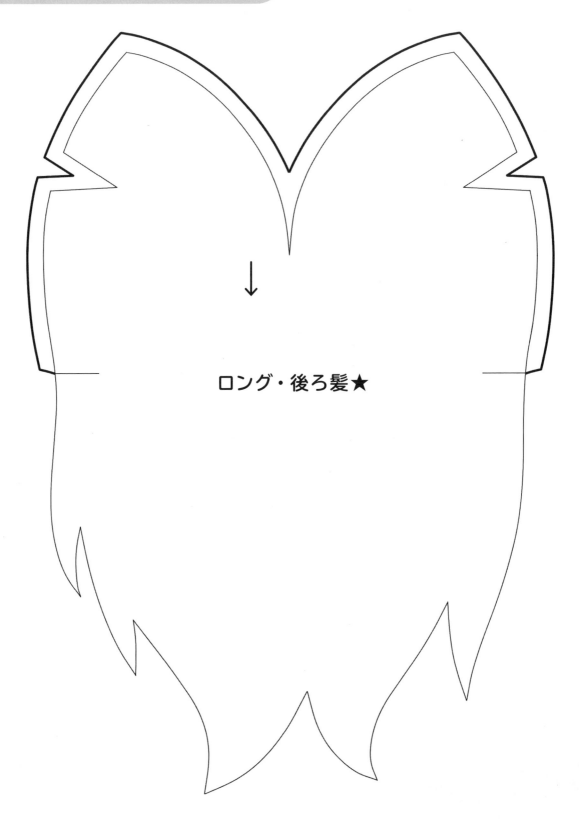

ロング・後ろ髪★

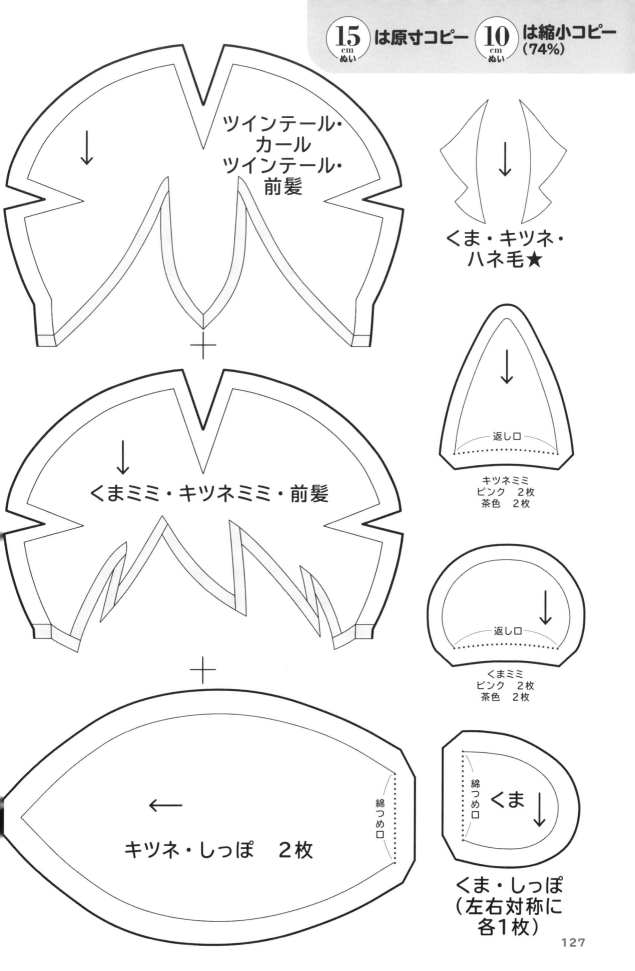

ツインテール・
カール
ツインテール・
前髪

くま・キツネ・
ハネ毛★

くまミミ・キツネミミ・前髪

返し口

キツネミミ
ピンク　2枚
茶色　2枚

返し口

くまミミ
ピンク　2枚
茶色　2枚

キツネ・しっぽ　2枚

綿つめ口

綿つめ口

くま

くま・しっぽ
（左右対称に
各1枚）

ぬむ

推しぬいクリエイター、イラストレーター
「自分だけのかわいい推しぬいを作りたい」という思いから推しぬい作りをスタート
し、SNSに自作の推しぬいを投稿するやいなや大反響。フォロワーからの推しぬい
作りの質問への回答も好評で、推しぬい界で今大注目のクリエイターのひとり。ぬい
の顔のかわいさに定評があり、"とにかく顔がかわいい"推しぬいを目指して日々制
作に励む。ゲームやVTuberの立ち絵を制作するイラストレーターとしても活躍中で、
ぬいの表情作りにも役立っている。今後オリジナルキャラクターの販売も計画中。

X(旧Twitter)：ぬむ（@nuinui_mmmmmm）

イラスト● ぬむ
デザイン● ohmae-d
撮影● 星亘（扶桑社）
スペシャルサンクス● 内村瞳、栗田智秋、小濱由佳、村上真紀
校正● 麦秋新社、比護寛子
編集● 西川未紗（扶桑社）

とにかく顔がかわいい 推しぬいの作り方

発行日　2023年9月30日　初版第1刷発行
　　　　2024年9月30日　　　第5刷発行

著者　ぬむ

発行者　秋尾弘史
発行所　株式会社 扶桑社
　　　　〒105-8070
　　　　東京都港区海岸1-2-20　汐留ビルディング
電話　03-5843-8842（編集）
　　　　03-5843-8143（メールセンター）
　　　　www.fusosha.co.jp

印刷・製本　TOPPANクロレ株式会社

型紙について
本書の型紙を用いて個人的に制作したオリジナルキャ
ラクターの推しぬいは、イベントやフリマサイト、ネッ
トショップ等で個人的に販売することが可能です。販
売時か商品説明に、必ず本書の型紙を使用したこと及
び本書の著者名を明記してください。

禁止事項
本書の型紙を用いて個人的に制作した二次創作の推
しぬいを個人的に販売すること。
本書の型紙を用いて個人的に制作した推しぬいを、
SNSに投稿したり販売したりする際に、公序良俗に反
する性的または暴力的なアレンジを加えること。
営利目的で本書の型紙の複製物又は型紙の一部に変
更を加えたものを分布すること。
本書の型紙を使用又は一部変更を加えた手芸キット
の販売、本書の型紙を使用した営利目的の教室やワー
クショップを開催すること。

本書の型紙を用いて工業的に量産したり組織的に販
売したりする場合は出版社にお問い合わせください。